어린이를 위한
말하기 발전 노트

-발표편-

주니어김영사

6 발표 내용에 어울리는 몸동작 생각하기

발표할 때 어떤 몸동작을 하면 좋을지 생각하며 보기의 몸동작을 빈칸에 채워 넣어 봅시다.

보기
❶ 두 손을 모아 가슴에 가져다 댄다.
❷ 손가락으로 3, 4를 나타낸다.
❸ 화면을 손가락으로 가리킨다.
❹ 엄지손가락을 치켜세운다.

발표 내용	사용할 수 있는 몸동작
우리 반 친구들을 대상으로 설문 조사를 한 결과 우리 반이 가장 좋아하는 운동선수는 '손흥민' 선수인 것으로 나타났습니다.	
제가 읽었던 최고의 책은 《아낌없이 주는 나무》입니다. 이 책은 저에게 큰 감동을 주었습니다.	
우리나라에서는 지역에 따라 차이가 있지만 3월에서 4월이면 온 거리를 가득 채운 벚꽃을 만나 볼 수 있습니다.	
태국에 가면 꼭 땡모반이라는 음료수를 마셔 보시기 바랍니다. 더위를 날려 보내는 최고의 방법입니다.	

7 발표 내용에 어울리는 자료 찾아보기

주어진 발표 내용에 어울리는 자료의 종류를 선으로 연결 지어 봅시다.
(한 자료를 여러 개의 발표 내용에 이어도 괜찮습니다.)

발표 내용	자료의 종류
동요 〈섬집 아기〉	사진
제주도 성산일출봉의 일출 모습	
독도의 모습	영상
사람들이 좋아하는 꽃의 종류	
나의 몸무게 변화	소리
BTS의 UN 연설	
세계 인구 순위	표
영화 〈겨울왕국〉 명장면	
우리 반 친구들이 좋아하는 색깔	도표
일주일에 읽는 책의 수	

〈정답 및 해설〉

동요 〈섬집 아기〉・소리(노래 음원) | 제주도 성산일출봉의 일출 모습・사진, 영상 | 독도의 모습・사진, 영상 | 사람들이 좋아하는 꽃의 종류・사진, 표, 도표 | 나의 몸무게 변화・도표 | BTS의 UN 연설・사진, 영상 | 세계 인구 순위・표, 도표 | 영화 〈겨울왕국〉 명장면・영상 | 우리 반 친구들이 좋아하는 색깔・표, 도표 | 일주일에 읽는 책의 수・표, 도표

8 발표 내용 떠올리기

아래 주제 중에 하나를 골라 발표 내용을 정하기 위한 생각 그물을 만들어 봅시다.

- 사람들이 키우는 애완동물의 품종
- 우리나라 전통 음식 소개
- 세계 여러 나라의 수도와 유명한 관광지
- 내가 다녀온 여행지 소개

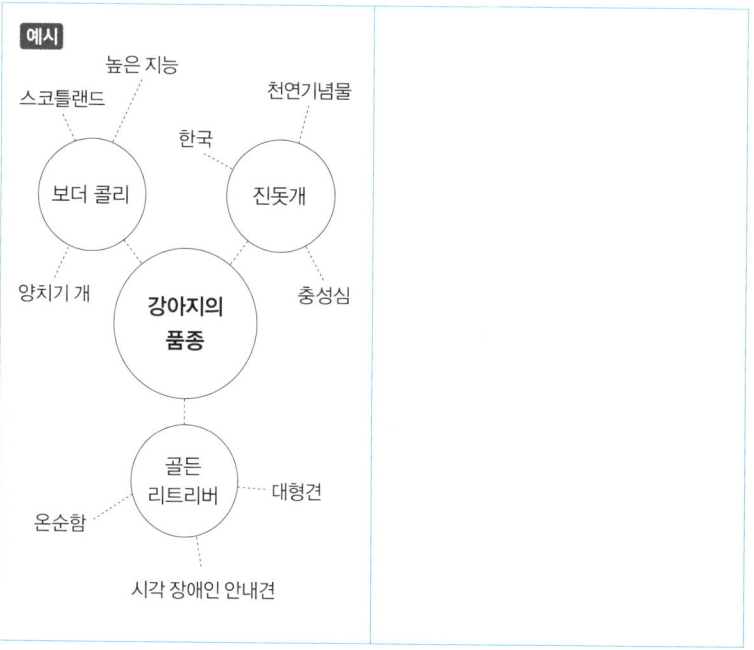

〈생각 그물 정리 잘하는 방법〉
- 주제를 골랐다면 종이의 가운데에 주제를 적어 주세요.(큰 글씨)
- 주제와 관련된 중요 단어들을 3~4개를 적어 주세요.(중간 글씨)
- 중요 단어들을 설명할 수 있는 추가 단어들을 적어 주세요.(작은 글씨)
- 완성한 생각 그물에서 위치를 바꿔야 하는 단어가 있는지 살펴보세요.

9 나의 발표 대본 만들기

앞에서 내가 만든 생각 그물을 바탕으로 1분짜리 발표 대본을 만들어 봅시다.

〈발표 대본 작성하는 방법〉

❶ 가장 먼저 자기소개와 발표할 주제에 대해 이야기하세요.
　예) 안녕하세요. 저는 ○○○입니다. 저는 강아지의 품종에 대해서 발표하려고 합니다.

❷ 생각 그물에서 중간 글씨 크기로 적었던 중요 단어들을 차례대로 소개해 주세요.
　예) 강아지의 품종에는 보더 콜리, 진돗개, 골든 리트리버 등이 있습니다.

❸ 작은 글씨 크기의 단어들을 사용해서 중요 단어를 자세히 설명해 주세요.
　예) 먼저 진돗개에 대해 소개하겠습니다. 진돗개는 한국의 강아지입니다. 진돗개는 우리나라의 천연기념물 제53호입니다. 그리고 진돗개는 주인에 대한 충성심이 매우 강한 것으로 유명합니다.

10 발표 자료 만들어 보기

나의 발표 내용에 어울리는 발표 자료를 만들어 봅시다.

자료 만들기 참고 사항
- 글씨는 멀리서도 잘 보일 수 있게 씁니다.
- 그림은 발표 내용과 관련 있는 그림을 그립니다.
- 중요한 단어는 글씨의 크기를 크게 하고 색깔을 다르게 합니다.
- 종이의 공간을 골고루 사용합니다.

직접 발표해 보기

내가 준비한 발표 자료와 발표 대본을 가지고 직접 발표해 봅시다. 그리고 발표하는 모습을 영상으로 찍거나 거울로 내가 발표하는 모습을 보고 스스로 평가해 봅시다.

확인할 내용	평가하기		
발표 시간은 잘 지켰나요?(1분)	◎	○	△
내가 발표하는 내용을 모두 이해하고 있나요?	◎	○	△
준비한 내용을 모두 발표했나요?	◎	○	△
첫인사와 끝인사를 잘했나요?	◎	○	△
발표 내용에 어울리는 표정과 동작을 사용했나요?	◎	○	△
말끝을 흐리지 않고 또박또박 말했나요?	◎	○	△
시선은 발표하는 사람들이 있는 쪽을 바라봤나요?	◎	○	△
발표 자료는 발표 내용을 이해하는 데 도움이 되었나요?	◎	○	△
발표 내용과 어울리는 자료의 종류를 사용했나요?	◎	○	△

12 발표하기 내용 최종 점검하기

발표를 잘하기 위한 방법으로 배웠던 내용을 다시 정리해 봅시다.

1) 발표는 ○○○○ 말하기 상황이다.

2) 발표할 때는 (높임말 / 반말)을 사용한다.

3) 발표할 때 목소리를 내는 방법으로 올바르지 <u>않은</u> 것은?
   ① 친구들이 많은 쪽을 바라보고 발표한다.   ② 목소리는 무조건 크게 낸다.
   ③ 허리와 가슴을 편다.   ④ 고개를 숙이지 않는다.

4) 발표하는 시간은 무조건 긴 것이 좋다. (○ / ✕)

5) 발표할 때는 어려운 단어를 많이 사용하는 것이 좋다. (○ / ✕)

6) 발표할 때는 내용과 어울리는 몸동작을 사용하는 것이 좋다. (○ / ✕)

7) 발표할 때 사용할 수 있는 자료의 종류를 생각나는 대로 적어 보세요.
   (   )

8) 발표 자료를 만드는 방법으로 알맞은 것을 <u>모두</u> 고르시오.
   ① 영상은 무조건 긴 영상을 사용한다.
   ② 중요한 단어는 크기를 크게 한다.
   ③ 대본에 있는 내용을 모두 발표 자료로 만든다.
   ④ 읽기 쉬운 글씨체를 사용한다.
   ⑤ 컴퓨터 프로그램을 이용해 발표 자료를 만들어도 된다.

〈정답 및 해설〉

1) **공식적인** 2) **높임말** 3) ❷: 무조건 크게 하려고 하면 듣기 싫은 소리가 나올 수 있어요. 소리를 멀리 보낸다고 생각하는 것이 좋아요. 4) ✕: 길다고 좋은 발표는 아니에요. 내가 전하고 싶은 말을 정확하게 전달할 수 있는 발표가 좋은 발표예요. 5) ✕: 듣는 사람이 이해할 수 있는 단어를 사용하는 것이 좋아요. 6) ○: 발표 내용과 어울리는 몸동작은 발표를 더 잘 이해하도록 도와줍니다. 7) **사진, 영상, 소리, 표, 도표 등** 8) ❷, ❹, ❺

어린이를 위한 말하기 발전 노트는 비매품으로, 《호야 님의 신기 문구점》과 함께 제공됩니다.

나의 발표 경험 떠올리기

학교에서 어떤 발표를 해 봤나요? 내가 발표한 경험과 그때 들었던 생각을 정리해 봅시다.

상황	어떤 내용을 발표했나요?
선생님의 질문에 손을 들고 대답한 일	
친구들 앞에서 조사한 내용을 말한 일	
내가 만든 작품(글짓기, 만들기 등)을 소개한 일	

내가 발표했던 경험을 떠올리면서 나의 발표 점수를 스스로 매겨 봅시다.

확인할 내용	내가 생각하는 나의 점수
발표를 자신 있게 했나요?	☆☆☆☆☆
발표할 때 목소리를 크게 냈나요?	☆☆☆☆☆
친구들을 바라보며 발표했나요?	☆☆☆☆☆
내가 발표하는 내용을 모두 이해하고 있나요?	☆☆☆☆☆
발표할 때 손짓이나 몸동작을 사용했나요?	☆☆☆☆☆

2 유명한 발표 장면 찾아보기

유명한 발표 장면을 인터넷에서 찾아보고 어떤 내용을 발표했는지 정리해 봅시다. 또, 발표하던 사람은 어떻게 발표했는지도 생각해 봅시다.

	스티브 잡스의 아이폰 공개 발표	김연아의 평창 올림픽 유치 발표	BTS의 UN 연설
발표 장면			
발표 상황			
발표자	스티브 잡스	김연아	BTS
발표 내용			
발표를 보고 든 생각			

3 발표 연습해 보기

강아지 품종에 대한 발표 자료를 보고 읽어 봅시다. 발표하는 자세를 바로 하고 발표에 걸리는 시간이 1분 30초가 되도록 연습해 보세요.

안녕하세요, 여러분! 오늘 저는 강아지 품종에 대해 발표하려고 합니다. 강아지는 우리의 가장 사랑스러운 반려동물 중 하나이죠. 그런데, 얼마나 많은 품종이 있는지 알고 계신가요?

세계적으로 알려진 강아지 품종은 수백 가지에 달합니다. 각각 크기, 털의 색깔, 성격, 특징 등이 다르며, 우리에게 다양한 매력을 보여 주고 있습니다. 많은 사람들이 알고 있는 강아지 품종에는 푸들, 골든 리트리버, 요크셔테리어, 불독, 시베리안 허스키 등이 있습니다. 각각 특유의 특징과 매력을 지니고 있습니다.

가장 유명한 강아지 품종 중 하나는 골든 리트리버입니다. 골든 리트리버는 황금빛 털과 친절한 성격으로 유명하며, 사람들 사이에서 매우 인기가 있습니다. 그리고 말라뮤트는 눈이 아름다운 품종으로 추운 지역에서 주로 살았습니다. 작은 크기의 강아지를 좋아하시는 사람들에게는 포메라니안을 추천합니다. 이 강아지는 귀여운 외모와 사랑스러운 성격으로 유명하며, 많은 사람들에게 사랑받고 있습니다.

이렇듯 강아지 품종은 정말 다양하고 매력적입니다. 강아지를 키우고자 한다면, 자신과 가족의 성향과 생활 환경을 고려하여 적합한 품종을 선택하는 것이 중요합니다. 어떤 강아지를 선택하든, 우리에게 사랑과 행복을 줄 수 있는 가장 충실한 친구가 될 것입니다. 감사합니다!

4 발표 대본 시간에 맞추어 수정하기

아래 주어진 발표 대본을 읽는 데 걸리는 시간을 재면서 대본을 읽어 봅시다. 그리고 내가 발표한 시간의 절반만큼의 시간이 걸리도록 발표 대본을 고쳐 봅시다. 이때, 중요한 내용은 남겨 두고 덜 중요한 내용은 빼는 것이 좋습니다.

안녕하세요, 여러분! 오늘은 여러분께 한국에서 꼭 가 봐야 할 여행지를 세 군데 추천해 드리려고 합니다. 한국은 아름다운 자연과 독특한 문화로 유명한 나라인데요. 그중에서도 특히 아래 세 곳은 여러분에게 잊지 못할 경험을 선사해 줄 것입니다.

첫 번째로 추천해 드리는 곳은 서울입니다. 서울은 한국의 수도이자 가장 큰 도시로, 역사와 현대의 조화로운 모습을 갖고 있습니다. '경복궁'이나 '창덕궁'과 같은 궁궐들은 한국의 역사와 문화를 경험할 수 있는 최고의 장소입니다. 또한, '명동'이나 '강남' 등은 쇼핑과 음식을 즐길 수 있는 흥미로운 장소입니다.

두 번째 추천지는 제주도입니다. 제주도는 아름다운 해변과 환상적인 자연 경관으로 유명하며, '성산일출봉'이라는 곳에서 아름다운 일출을 볼 수 있습니다. 또한, '한라산'은 등산객들에게 인기 있는 명소로, 멋진 전망과 다양한 산책로를 제공합니다. 제주도는 조용하고 평화로운 분위기에서 휴식을 취하고 싶은 분들에게 딱입니다.

마지막으로 추천해 드릴 여행지는 경주입니다. 경주는 한국의 역사와 유적지가 가득한 도시로, 세계 문화유산인 '불국사'와 '동궁과 월지'를 포함한 많은 유적지가 있습니다. 또한, '첨성대'와 같은 곳은 한국의 고대 건축물을 감상할 수 있는 좋은 장소입니다. 경주는 한국의 역사와 문화를 깊이 있게 경험하고 싶은 분들에게 추천합니다.

이렇게 서울, 제주도 그리고 경주 세 곳을 여러분에게 추천해 드렸습니다. 각각의 장소에서는 다양한 경험과 아름다운 풍경을 만날 수 있을 것입니다. 한국을 방문하신다면, 이곳들을 꼭 찾아보세요! 감사합니다.

5 내가 이해할 수 있는 내용으로 발표 자료 준비하기

어려운 단어는 뜻을 찾아보고, 내가 이해할 수 있는 내용으로 고쳐야 합니다. 아래의 보기를 참고하여 발표 자료를 내가 이해할 수 있는 내용으로 고쳐 봅시다.

> **보기**
> **지구 온난화**: 지구의 기온이 높아지는 현상
> **원인**: 까닭
> **화석 연료**: 생물이 땅속에 묻혀 굳어져 오늘날 연료로 사용하는 석탄 같은 물질
> **배출**: 내뿜다
> **해결책**: 해결할 수 있는 방법
> **신재생 에너지**: 화석 연료 대신 쓸 수 있는 태양광, 태양열, 수력 에너지 등
> **대규모**: 많이
> **도입하다**: (기술을) 사용하다

발표 자료	고친 발표 내용
지구 온난화의 주요 원인 중 하나는 화석 연료의 사용이 온실가스를 배출하기 때문입니다. 이에 대한 해결책으로 신재생 에너지를 대규모로 도입하는 것이 필요합니다.	

발표법 코칭 옥효진

부산교육대학교 초등교육과를 졸업하고 14년째 초등학교 선생님으로 아이들과 함께 공부하고 있습니다. 아이들에게 필요한 교육을 실천하기 위해 경제, 금융, 민주시민교육 등 다양한 분야의 교육 활동을 수업에 적용하고 있습니다. 다양한 수업 활동들로 2022 교보교육대상 미래교육콘텐츠 부문 대상을 수상하였습니다. 지은 책으로는 《세금 내는 아이들》《법 만드는 아이들》《세금 내는 아이들의 생생 경제 교실 1, 2》《혼공 도사 나대로》 등이 있습니다.

글 고희정

이화여자대학교에서 과학교육을 전공하고 석사 학위를 받았습니다. 중·고등학교와 대학교에서 과학을 가르쳤고, 방송작가로 일하며 EBS 〈딩동댕 유치원〉〈방귀대장 뿡뿡이〉〈생방송 톡톡 보니하니〉〈뽀뽀뽀〉〈꼬마요리사〉〈부모〉〈라이브토크 부모〉〈다큐프라임 자본주의〉〈인문학 특강〉 등의 프로그램을 썼습니다. 지은 책으로는 《어린이 과학 형사대 CSI》《어린이 사회 형사대 CSI》《토토 수학 놀이터》《신통하고 묘한 고양이 탐정》《의사 어벤저스》《혼공 도사 나대로》 등이 있습니다.

그림 류수형

어린이들의 상상력을 키워 주고 재미있게 읽을 수 있는 만화를 선물하기 위해 열심히 작업 중입니다. 펴낸 책으로는 《빈대 가족의 가난 탈출기》를 비롯한 《빈대 가족》 시리즈와 《빈대 가족의 아프리카 따라잡기》를 비롯한 《빈대 가족의 따라잡기》 시리즈, 《말랑말랑 브레인 패밀리 1, 2》《위기탈출 넘버원》《인싸가족 VS 인싸스쿨》《낭 작가의 맞춤법 상담소》《혼공 도사 나대로》《슈뻘맨의 숨은 과학 찾기》 등이 있습니다.

호야 냥님의 신기 문구점

❷ 일취월장 발표술

발표법 코칭 **옥효진** | 글 **고희정** | 그림 **류수형**

주니어김영사

남 앞에서 말하기가 두려운 어린이들에게

  말하기는 다른 동물은 하지 못하는 인간만이 할 수 있는 의사소통 방법이에요. 우리는 하루에도 수십 번 수백 번 말을 하면서 살아가고 있지요. 이렇게 일상적인 말하기를 선생님도 여러분처럼 초등학생일 때, 남들 앞에서 말하는 게 왜 그렇게 무서웠는지 모르겠어요. 다른 사람들 앞에서 말을 해야 하는 상황이면 어떤 말을 해야 할지 떠오르지도 않고 긴장이 되어 머릿속이 하얘졌거든요. 아마 어린 시절의 선생님과 같은 친구들이 많을 거라는 생각이 들어요. 학교에서 선생님이 발표를 시킬까 봐 조마조마한 친구들도 있을 거예요. 하지만 말하기가 무서운 친구들도 말하기를 잘하고 싶어 한다는 것을 알고 있어요. 왜냐면 선생님도 그랬거든요. 잘하고 싶지만 무섭고 떨리는 것, 말하기란 녀석은 참 심술궂은 것 같아요.

선생님은 이제 어린 시절과 달리 사람들 앞에서도 떨지 않고 자신 있게 말할 수 있게 됐어요. 다른 사람과 말하는 것, 다른 사람 앞에서 말하는 것 모두 기술이 필요하다는 것을 알게 되었거든요. 지금 다른 사람 앞에서 말하는 것이 힘들다고 걱정할 필요 없어요. 차근차근 하나씩 말하기 기술을 배워 가면 여러분도 다른 사람 앞에서 자신 있게 말할 수 있을 거예요. 이 책을 통해 여러분도 말하기 기술을 하나씩 배워 가고 꾸준히 연습한다면 반 친구들 앞에서 발표하는 것, 수십 수백 명 앞에서 말하는 것도 떨지 않을 거라 믿어요. 혹시 누가 아나요? 지금 이 책을 읽고 있는 여러분 중 누군가가 UN 회의에서 대한민국을 대표해 연설을 하게 될지 말이에요. 이 책을 통해 여러분이 말하는 것이 더 이상 두렵지 않기를, 말하는 것이 즐거워지기를, 말하기를 통해 나의 생각을 다른 사람에게 잘 전달할 수 있기를 바랄게요.

옥효진 선생님

차 례

말하기가 두려운 어린이들에게 ····· 4

1장 ★ 정체를 밝힐까? ················· 11
말하기 비법 ❶ 발표는 공식적인 말하기 ········· 36

2장 ★ 일취월장 발표술 ················ 39
말하기 비법 ❷ 발표에 알맞은 말하기 ········· 60

3장 ★ 목소리 나팔 ················ 63
말하기 비법 ❸ 긴장을 줄이는 방법 ········· 80

4장 ★ 수상한 남자 ········· 83
　말하기 비법 ❹ 발표에도 메라비언의 법칙 ········ 106

5장 ★ 강심장 젤리 ········· 109
　말하기 비법 ❺ 시각 자료 활용하기 ········ 124

6장 ★ 발표 왕이 되다! ········· 127
　말하기 비법 ❻ 좋은 자료를 만드는 방법 ········ 150

에필로그 ······ 153

등장인물

주동희

호야 님의 정체를 알고 냅다 도망치지만 궁금한 마음에 다시 신기 문구점에 방문한다. 그리고 고미래와 짝이 되어 호야 님에게 발표 잘하는 비법을 알려 달라고 부탁한다.

고미래

소심한 성격에 목소리가 작고 대답도 느려 자신의 생각을 잘 말하지 못한다. 호야 님에게 발표 잘하는 비법을 배우면서 용기를 얻어 달라지기 위해 노력한다.

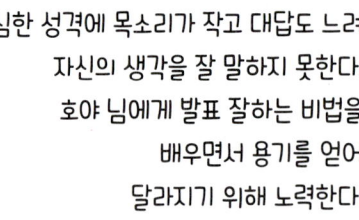

백호 (호야 님)

천신의 명을 수행하기 위해 신기리에 왔다는 사실을 주동희에게 털어놓는다. 발표를 잘하기 위해 노력하는 주동희와 고미래를 보며 진심으로 응원한다.

인기훈

반 친구들의 태도가 달라지자 주동희가 자신의 사정을 소문을 냈다고 오해한다. 갑자기 변한 주동희와 고미래의 행동에 신기 문구점을 의심하기 시작한다.

구미남

백호가 무엇을 하는지 몰래 염탐하고 백호의 일을 망치기 위해 주동희를 시기하는 인기훈에게 접근한다.

★ 반 친구들

이민아 김은희

강현아

허진수 이영훈

정체를 밝힐까?

　호야 님은 고민에 빠졌다. 주동희가 호야 님이 진짜 인간이 아닌, 인간으로 둔갑한 하얀 호랑이 백호라는 것을 알게 됐으니 말이다. 무서워서 덜덜 떨던 주동희는 호야 님이 유자차를 주려고 잠시 가게에 들어간 사이, 냅다 줄행랑을 쳐 버렸다. 그러니 이제 사람들이나 경찰에게 호랑이가 나타났다고 알릴 것이고, 그럼 잡으러 오지 않겠는가.

　"휴!"

　호야 님은 한숨을 내쉬며 문구점 안을 둘러봤다. 그사이 정이라도 든 것일까? 호야 님은 속상하고 아쉬운 마음이 들었다. 범우산의 산신이 되려면 인간 세 명에게 기쁨의 눈물을 흘리게 해야 한다는 천신의 명을 수행하기 위해 어떻게든 인간과 함께 어울려 살기 위해 마련한 공간이니 말이다.

999년을 살다 보니, 호야 님은 셀 수 없이 많은 인간들을 보고 만났다. 호랑이의 모습을 하고 있을 때 만난 인간들은 당연히 잡아먹힐까 봐 두려워 벌벌 떨며 도망을 쳤고, 인간으로 둔갑한 경우에도 정체를 알게 된 순간에는 여지없이 같은 반응을 보였다. 그러니 주동희가 보인 반응과 행동은 크게 실망할 일도 아니다. 하지만 아주 드물기는 했으나 호야 님은 인간과 깊고 오래된 관계를 맺은 적도 있었다.

호야 님과 친구가 되어 범우산에 놀러 온 아이들도 있었고, 호야 님을 누님으로 모시며 진짜 인간처럼 대해 준 남동생도 있었다. 그래서 '청산유수 대화술'을 가르쳐 주며 주동희와도 꽤 친해졌다고 생각했는데…. 호야 님의 말은 들어 보지도 않고 도망을 쳐 버렸으니, 서운한 마음이 드는 것이다.

사실 호야 님은 이제껏 한 번도 인간을 잡아먹은 적이 없다. 아니, 잡아먹지 않았다. 물론 배가 너무 고플 때는 인간을 잡아먹고 싶은 유혹을 느낄 때도 많았다. 특히 한겨울의 범우산은 엄청난 양의 눈으로 덮여 있기 때문에 먹잇감 찾기가 정말 힘들다. 그래서 배고픔을 견디다 못해 인간 세상에 내려간 적도 몇 번 있었다. 하지만 인간은 절대 잡아먹지 않았다. 왜냐하면 호야 님은 어렸을 때부터 산신이 되고 싶은 꿈을 갖고 있었기 때문이다. 산신의 가장 중요한 임무는 자신이 다스리는 산의 영역에 살고 있는 동물들과 인간들을 돌보는 일이다. 그러니 어떻게 인간을 잡아먹은 자가 산신이 될 수 있겠는가. 그래서 산신의 기본 자격 중 하나가 바로 '인간을 먹이로 삼지 않는다'이다. 호야 님은 산신이 되겠다는 꿈을 이루기 위해 아무리 배가 고파도 999년을 참고 견뎠고, 그랬기 때문에 산신 후보가 될 수 있었다.

"하기야 이게 다 무슨 소용이 있겠어."

한편, 문구점에서 도망간 주동희는 곧바로 집으로 뛰어 들어갔다. 그리고 방문을 걸어 잠그고, 이불을 뒤집어써서 몸을 숨겼다. 얼마나 열심히 뛰었는지 숨이 헐떡거렸다. 그러나 주동희는 이내 불안해졌다.

불안한 마음이 덜해지자, 주동희는 그동안의 일들이 생각났다. 처음 호야 님을 만났을 때부터 호야 님의 눈빛이 보통이 아니라고 생각했다. 사람의 마음을 꿰뚫어 보는 것만 같은 예리한 눈빛이었다. 그리고 호야 님은 주동희가 말을 하지 않아도 학교에서 있었던 일들을 다 알고 있었다.

호야 님이 주었던 '마음이 보이는 돋보기'와 '지우고 싶은 말 지우개' 말이다. 둘 다 정말 신기한 요술 문구였는데, 이제 보니 다 호랑이가 부린 요술이었던 것이었다. 인간으로 감쪽같이 둔갑할 정도의 능력을 가졌으니 그 정도의 요술은 식은 죽 먹기였겠지.

"그럼 잠긴 문을 여는 것도 식은 죽 먹기 아닐까?"

그러고는 허진수와 이영훈이 생각났다. 주동희가 허진수와 이영훈을 데리고 문구점에 갔으니, 호야 님이 자신을 잡아먹고 허진수와 이영훈도 잡아먹지 않을까 걱정이 되었다.

빨리 경찰에 호랑이가 나타났다고 신고해서 호야 님을 잡아야, 자신뿐만 아니라 다른 사람도 무사할 것이다. 주동희는 재빨리 휴대 전화를 들었다. 그런데 다음 순간, 주동희는 퍼뜩 의문이 생겼다.

"그런데 왜 이제껏 안 잡아먹었지?"

생각해 보면, 그사이 호야 님이 주동희를 잡아먹을 기회는 얼마든지 있었다. 문구점에 단둘이 있었을 때가 많았으니 말이다. 그러자 주동희는 다시 호야 님을 처음 만났을 때의 상황이 생각났다.

"백호야!"

주동희는 이제야 깨달았다. 호야 님은 성이 백 씨요, 이름이 호야라고 말한 것이 아니었다. 자신이 '백호'라고 말했던 것이다. 그런데 주동희는 그걸 잘못 알아듣고, 호야 님이라고 부르겠다고 했다.

"처음부터 자신의 정체를 밝히려고 했네!"

자신의 정체를 밝히면 무서워할 것을 알면서도 솔직하게 말한 호야 님. 주동희는 그동안 호야 님이 유자차를 타 주며 친절하게 대해 주었던 일, 주동희의 고민을 들어 주고 진심으로 충고해 주었던 일, 그리고 주동희가 말을 잘 못해 속상해하자, '청산유수 대화술'을 가르쳐 주었던 일들이 생각났다. 또 미션을 성공했을 때 함께 기뻐해 주고, 선물까지 주었던 일도 생각났다. 주동희를 먹잇감으로 생각했다면, 그런 행동을 할 이유가 없지 않을까?

"그럼 도대체 이유가 뭐야?"

주동희는 호야 님이 인간으로 둔갑해 문구점을 연 다른 이유가 있지 않을까 하는 생각이 들었다. 주동희는 다시 망설였다. 경찰에 신고하면, 호야 님은 바로 잡혀 철창에 갇히게 될 것이다. 어쩌면 동물원에 보내질지도 모른다.

"아니지! 벌써 도망쳤을 수도 있잖아!"

주동희가 호야 님의 정체를 알았고, 그럼 어떻게 행동할지 예상하지 않았을까? 호야 님은 인간 세상에 대해 인간만큼 잘 알고 있으니 말이다.

'그래서 여태 조용한 건가?'

문구점에서 도망쳐 온 지 벌써 한 시간이 넘었는데도 아직 조용하니 말이다. 그런데 그때였다. 띠띠띠띠, 현관문의 비밀번호를 누르는 소리가 들렸다. 주동희는 머리카락이 쭈뼛 섰다.

전래 동화 《해와 달이 된 오누이》가 생각났기 때문이다. 엄마를 잡아먹은 호랑이가 엄마로 둔갑해 남매를 잡아먹으려고 찾아온 이야기 말이다.

'어떡하지? 진짜 엄마야, 아니야?'

엄마의 개그에 주동희는 안도의 한숨을 쉬었다.

'휴, 다행이다!'

엄마는 대수롭지 않게 말하며 부엌으로 갔다.

"배고프지? 와서 떡볶이 먹어."

주동희는 엄마를 따라 방 밖으로 나왔다. 그리고 식탁에 앉으며 물었다.

엄마가 웃으며 말했다. 그렇다면 아직 아무 일도 일어나지 않은 것이다. 주동희는 가슴을 쓸어내리며 생각했다.

'벌써 도망간 건가?'

다음 날 아침, 주동희는 문구점을 피해 빙 돌아 학교에 갔다. 그런데 교실에 들어가니, 아이들이 인기훈을 둘러싸고 있었다.

"이어폰 찾았어?"

김은희가 묻자, 인기훈이 표정이 굳어지며 대답했다.

"아니, 아직 못 찾았어."

어제 인기훈이 가장 아끼는 최신형 블루투스 이어폰이 없어지는 바람에 큰 소란이 났다. 고미래가 범인으로 몰려 울기까지 했다. 그래서 선생님이 이어폰을 가져간 사람은 선생님 책상에 올려놓으라고 했는데, 결국 나타나지 않은 것이다.

인기훈은 머쓱한 표정을 지으며 말끝을 흐렸다.
"그래서 그런 건 아니고…"
사실 인기훈은 이어폰을 잃어버리지 않았다. 아니, 처음에는 잃어버린 줄 알았다. 그래서 그 소란을 피웠는데, 집에 가서 보니 가방 안쪽 바닥에 이어폰이 들어 있는 것이었다.

운동장에 나가기 전에 이어폰을 책상 서랍 안에 넣어 뒀다고 생각했는데, 가방 안에 들어 있으니 말이다. 다른 사람이 그랬을 리는 없고, 자신이 넣어 두고 까먹은 게 분명했다.
'어떡하지?'
고미래를 범인으로 몰아 울리기도 했으니, 이를 어쩐단 말인가.
"미안하다고 사과해야 하나? 아니야, 안 돼."

인기훈은 고개를 세차게 저었다. 솔직하게 털어놓을 용기가 나지 않았다. 그래서 계속 잃어버린 척하기로 결심했다. 수업이 시작되었고 선생님이 숙제를 내 주었다.

다음 주에는 두 명이 한 팀이 되어 '우리 고장의 위인'을 조사해서 발표하는 시간을 가질 거예요. 같은 번호가 써진 종이를 뽑은 사람과 한 팀이 되는 거예요.

하나씩 뽑으면서 뒤로 돌리세요.

8번 나온 사람, 손!

어? 나 8번.

강현아랑 짝이 되게 해 주세요.

강현아와 짝이 되면 같이 발표 준비를 하면서 친해질 수 있지 않을까? 그러면 지난번에 실패한 사랑 고백을 다시 멋지게 할 기회가 생길지도 모른다. 그런데 그때였다. 인기훈이 뽑은 종이를 보며 외쳤다.

인기훈과 강현아가 짝이 되어 버린 것이다. 주동희는 실망해 의욕이 뚝 떨어졌다. 그런데 더 큰 문제가 발생했다. 고미래와 짝이 된 것이다. 고미래는 별명이 '고구마'다. 말이 없고 목소리가 작은 데다 물어봐도 대답을 잘 안 하기 때문이다. 발표를 시켜도 얼굴이 빨개져 모기만 한 목소리로 겨우 대답한다. 그런데 같이 발표 숙제를 해야 한다니! 주동희는 걱정이 앞섰다.

　쉬는 시간이 되자, 고미래는 주동희를 찾아왔다. 그러고는 자신과 같은 팀인데 괜찮냐고 물었다. 고미래도 아이들이 자신과 발표 숙제를 같이하고 싶어 하지 않는다는 것을 알고 있는 것이다. 하지만 그렇다고 사과까지 할 일은 아니지 않은가. 주동희는 고미래의 마음을 헤아려 하얀 거짓말을 했다.

　"무슨 소리야. 너랑 같은 팀 돼서 좋은데."

　그러자 고미래의 표정이 환하게 밝아졌다. 주동희가 그렇게 말해 주길 기대한 것이다. 주동희는 웃으며 말을 이었다.

　"그러니까 우리 잘해 보자."

　고미래가 쑥스러운 표정으로 고개를 끄덕였다. 순간, 주동희는 호야 님 생각이 났다.

　'호야 님한테 도와 달라고 하면 좋은데!'

말 잘하는 비법을 가르쳐 주었으니, 발표 잘하는 비법도 가르쳐 주지 않을까 생각한 것이다. 그러자 주동희는 호야 님이 궁금해졌다. 그래서 학교가 끝나자마자 신기 문구점으로 갔다.

하지만 호야 님은 999년을 산 호랑이가 아닌가. 문구점 안에서도 주동희의 냄새를 맡고, 주동희가 온 것을 알아차린 것이다. 호야 님은 주동희를 불렀다.

호야 님은 오늘까지만 주동희를 기다려 보기로 했다. 아무 일도 없으니 주동희가 자신을 믿는다는 뜻이 아닐까 생각한 것이다. 호야 님은 뒤늦게 주동희에게 자신의 이야기를 털어놓았다.

주동희는 안도의 한숨을 쉬며 반겼다. 잡아먹지 않는다면, 무서워할 필요도 없으니 말이다. 게다가 산신이 되기 위해 인간 세상에 내려왔다니! 동화에서나 나올 법한 신기한 일이 아닌가.

주동희의 너스레에 호야 님은 흔쾌히 허락했다.

"좋아. 그럼 내일 데리고 와."

그리고 오랜만에 마음을 나눌 수 있는 인간을 만났다는 생각에 호야 님은 가슴이 뭉클해졌다.

 발표는 공식적인 말하기

발표라는 단어를 들으면 여러분은 무엇이 가장 먼저 떠오르나요? 아마도 수업 중에 선생님이 물어본 질문에 손을 들고 하는 발표, 수업 중에 내가 조사한 자료를 친구들 앞에서 하는 발표가 생각날 거예요. 여러분은 발표를 수업 중에 가장 많이 하고 있지요. 그래서 학교만 졸업하고 어른이 되면 발표를 더 이상 하지 않아도 될 것 같겠죠. 하지만 생각보다 우리 생활 속에서 발표하는 상황은 엄청나게 많아요.

발표하게 되는 다양한 상황들

▷ 수업 중에 친구들 앞에서 자신의 생각 발표하기
  예) 학급 회의에서 자신의 의견 말하기
▷ 대학이나 회사 면접 시험에서 면접관들 앞에서 자신의 생각 발표하기
  예) 이 회사에 지원한 이유 말하기
▷ 기업에서 개발한 새로운 제품을 고객들에게 발표하기
  예) 스티브 잡스의 아이폰 프레젠테이션
▷ 정부에서 국민에게 정책 관련 내용 발표하기
  예) 코로나19 확진자 수 발표
▷ UN 회의에서 자신이 전하고 싶은 말을 참가국 대표들 앞에서 발표하기
  예) BTS의 UN 총회 연설

★ 공식적인 말하기 상황인 발표

　사람들이 말하는 상황에는 크게 두 가지가 있어요. 바로 개인적인 말하기와 공식적인 말하기예요.

　개인적인 말하기는 말 그대로 한 사람 또는 적은 수의 사람 앞에서 자신의 경험이나 감정에 대해 편하게 나누는 이야기를 말해요. 쉬는 시간에 친구와 하는 연예인 이야기, 부모님과 거리를 걸으며 나누는 대화, 친구들과 떡볶이를 먹으며 하는 수다 모두 개인적인 말하기죠.

　공식적인 말하기는 여러 사람 앞에서 한 가지 주제에 대해 말하는 발표예요. 수업 중에 손을 들고 하는 발표, 친구들 앞에서 조사한 자료를 설명하는 발표, 반장 선거에서 자신을 뽑아 달라고 공약을 말하는 상황, 아나운서가 뉴스에서 원고를 읽는 상황 등이 모두 공식적인 말하기죠.

　발표는 공식적인 장소에서 여러 사람을 대상으로 말을 하는 상황에 해당해요. 특히 공식적인 말하기를 할 때는 발표 상황과 듣는 사람을 생각하면서 말해야 합니다.

말을 할 때는 개인적인 말하기 상황인지 공식적인 말하기 상황인지 구분할 수 있어야겠죠?

★ 아래 〈보기〉에서 개인적인 말하기 상황에는 ○표시를, 공식적인 말하기 상황에는 ☆표시를 해 봅시다.

보기

❶ 축구 경기를 보며 축구 선수의 플레이에 대해 이야기하기

❷ 친구들과 치킨을 먹으며 치킨의 맛에 대해 이야기하기

❸ 전교 학생 회장 선거에 후보로 나와 자신을 뽑아 달라고 이야기하기

❹ 아나운서가 태풍 관련 소식을 시청자에게 이야기하기

❺ 대통령이 된 후 당선 소감을 국민에게 이야기하기

❻ 여행 계획을 친구에게 이야기하기

2장
일취월장
발표술

　신기리는 동네가 워낙 좁아서 한 집 건너 친구고, 한 집 건너 친척이니 놀랄 일도 아니다. 주동희가 덧붙였다.
　"인기훈이야 아주 잘 있죠. 우리 반, 아니 우리 학년 최고의 인기남이거든요."
　"그래? 하기야 멀끔하게 생겨서 인기 있을 만하지."
　작은아버지가 이해한다는 듯 고개를 끄덕였다. 그런데 저녁을 먹고 나서 주동희는 우연히 아빠와 작은아버지의 대화를 들었다.

"성수는 소식 없어?"

아빠가 묻자, 작은아버지가 대답했다.

"얼마 전에 잠깐 봤어요."

"어떻게 지낸데?"

"고시원에 있나 봐요. 기훈 엄마는 친정에 가 있고요."

작은아버지의 대답에 주동희는 귀가 번쩍 뜨였다.

'기훈 엄마? 그럼 성수라는 분이 기훈이 아빠? 그런데 왜 고시원에 계시지?'

인기훈은 분명히 자신의 부모님이 사업 때문에 미국에 갔다고 했다. 원래 자기도 같이 가야 하는데, 한국에 있고 싶다고 우겨서 할머니 댁에 살게 되었다고 했다. 그런데 기훈이 아빠가 고시원에 산다니, 이게 무슨 말인가.

　주동희는 큰 충격을 받았다. 지난해, 인기훈은 전학을 오자마자 인기남이 되었다. 생긴 것도 멀끔하고, 옷이나 갖고 다니는 물건들도 다 비싸 보였기 때문이다. 아이들은 인기훈을 서울에서 온 부잣집 아들이라 생각하고 그렇게 대했다. 인기훈이 대놓고 부자라고 자랑하지는 않았지만, 딱히 부인도 하지 않았다. 오늘도 그러지 않았던가. 인기훈은 비싼 이어폰을 잃어버렸지만, 아빠한테 다시 사 달라고 하면 된다고 말했다. 그래서 이영훈이 '역시 부잣집 아들'이라고 추켜세우기까지 했다. 그런데 사업에 실패해 가족들이 뿔뿔이 흩어진 상태라니! 주동희는 기가 막히다 못해 배신감이 들었다.

다음 날 학교에서 인기훈을 보자, 주동희는 자꾸 어제 들은 이야기가 생각나면서 인기훈의 말과 행동이 거슬리기 시작했다. 아이들에게 둘러싸여 착한 척하는 모습, 은근히 부자인 척하는 모습, 그리고 자신이 인기가 있다는 걸 알면서도 모르는 척하는 모습까지, 모두 가식적으로 느껴졌다. 어떨 때는 그 인기를 이용하고 있는 것이 아닌가 하는 생각도 들었다. 오늘 이영훈이 인기훈과 이야기를 나누는 모습을 보면서도 느꼈다.

"인기훈, 내 게임팩 가져왔어?"

이영훈이 묻자, 인기훈이 화들짝 놀라며 대답했다.

"헉! 미안, 깜박 잊어버렸다. 내일 꼭 갖다줄게."

　이영훈은 더 이상 말했다가는 좀스럽다는 이야기를 들을 것 같아 결국 입을 다물 수밖에 없었다. 주동희는 그 모습을 보고, 이영훈을 따로 불러 물었다.

　"인기훈이 네 게임팩 가져가서 안 줬어?"

　이영훈이 약이 오른 표정으로 말했다.

　"응. 걔는 맨날 빌려 가면 안 줘. 짜증 나."

　이영훈이 새 게임팩을 학교에 가져와서 자랑하자, 인기훈이 하루만 빌려 달라고 했다는 것이었다. 이영훈은 새것인 데다가 자신도 몇 번 못 해 본 거라 망설였지만, 싫다고 말할 수 없었다. 인기훈은 4학년 최고의 인기남이기 때문이다. 그런데 하루만 빌려 달라고 해 놓고 벌써 일주일째 돌려주지 않는다는 것이다. 그러자 허진수가 끼어들었다.

"나도 만화책 빌려줬다가 한 달 만에 받았잖아. 아주 상습범이야."

생각해 보니, 주동희도 당한 적이 있었다. 아빠가 생일 선물로 사 주신 보드게임을 인기훈이 빌려 달라고 했다. 하지만 새것이고, 구성품 중 하나라도 잃어버릴까 봐 걱정되어 거절했다. 주동희가 거절하자, 인기훈을 좋아하는 여자아이들이 날카로운 눈으로 주동희를 째려보는 바람에 난처했던 기억이 났다.

이중적인 인기훈의 모습에 주동희는 인기훈이 얄미워졌다. 그래서 일부러 인기훈에게 가서 떠봤다.

"인기훈, 우리 작은아버지가 네 안부 묻더라."

"너희 작은아버지? 누구…."

인기훈은 처음에는 잘 모르는 표정이더니, 갑자기 얼굴이 굳어졌다. 주동희의 작은아버지가 누군지 생각난 것이다. 주동희는 인기훈이 모른 척을 할까 봐 얼른 알려 줬다.

당황하는 인기훈을 보니, 주동희는 고소했다. 그리고 주동희의 예상대로 인기훈은 주동희의 작은아버지가 자신의 집안 사정에 대해 이야기했을까 봐 불안한 마음이 들기 시작했다.

한편 수업을 다 마치고, 주동희는 고미래에게 제안했다.
"우리 발표하는 거 도와주실 분이 있거든. 같이 만나 볼래?"
"음…."
고미래는 선뜻 대답을 못 하고 망설였다. 소극적인 성격이라 처음 보는 사람과 쉽게 친해지지 못하기 때문이다. 주동희가 고미래의 표정을 살피며 물었다.
"싫어? 싫으면 안 만나도…."
안 가도 된다고 하려고 했는데, 고미래가 용기 내어 대답했다.
"아니야, 갈게."
발표를 하려니 앞이 막막했는데 도와줄 분이 있다니 다행이라는 생각이 들었다. 또 주동희와 함께 간다니 왠지 괜찮을 것 같았다. 방과 후, 주동희는 고미래와 함께 신기 문구점으로 가면서 호야 님이 말한 '일취월장 발표술'에 대해 설명했다. 고미래가 눈이 동그래져 물었다.
"정말 그런 비법이 있어?"
"응. 그것만 배우면 우리도 발표 잘할 수 있을 거야."
주동희가 확신에 찬 목소리로 대답하자, 고미래는 이상하게 믿음이 갔다. 이어폰을 훔친 범인으로 몰렸을 때 주동희가 나서서

도와주었기 때문일 것이다. 주동희와 고미래가 신기 문구점에 도착하자, 호야 님이 아이들이 올 줄 알고 있었는지 먼저 나와서 반겼다.

"어서 와, 네가 동희 친구구나!"

고미래가 기어들어 가는 목소리로 겨우 인사를 했다. 호야 님이 미소를 띠며 안내했다.

"어서 들어와. 유자차 한잔 줄까?"

주동희가 먼저 대답했다.

"네!"

그러더니 고미래를 보며 자랑하듯 말했다.

"호야 님의 유자차는 진짜 맛있어. 한번 먹어 봐."

고미래가 고개를 끄덕이자, 호야 님은 문구점으로 들어가 의자를 내주었다. 주동희와 고미래가 의자에 앉아 기다리자 잠시 후, 호야 님은 따뜻하고 향긋한 유자차를 내왔다.

고미래는 들릴 듯 말 듯 한 목소리로 인사했다. 그리고 유자차를 한 모금 마셨는데, 어찌나 달콤하고 새콤하고 향긋한지, 주동희의 말이 꼭 맞았다. 고미래와 주동희는 유자차를 호호 불며 맛있게 마셨다. 그 사이 호야 님은 뒤쪽에 걸린 거울을 통해 학교에서 있었던 일들을 살펴봤다. 고미래가 발표할 때만 되면 선생님이 시킬까 봐 불안해하는 모습, 어쩌다 친구들이 말을 걸면 우물쭈물하다가 개미만 한 목소리로 대답하는 모습, 그래서 아이들이 답답해하는 모습들이었다.

호야 님은 고미래의 성격과 문제점을 바로 파악했다. 그러고는 주동희와 고미래에게 말했다.

"자, 그럼 '일취월장 발표술'을 시작해 볼까?"

호야 님의 말에 주동희는 고미래의 눈치를 살폈다. 호야 님의 눈빛 때문일까, 아니면 주동희에 대한 믿음 때문일까. 고미래는 호야 님에게 배우고 싶은 마음이 생겼다. 고미래가 좋다는 뜻으로 고개를 끄덕이자, 주동희가 신나서 대답했다.

"네!"

호야 님이 첫 번째 미션을 내 주었다.

그런데 다음 날이었다. 주동희는 아무리 생각해도 고미래에게 어떤 칭찬을 해야 할지 생각나지 않았다. 이제껏 고미래와 함께 논 적도, 길게 이야기를 나눠 본 적도 거의 없었기 때문이다.

드디어 칭찬할 것을 한 가지 찾았다. 쉬는 시간이 되자, 주동희는 고미래에게 가서 칭찬했다.

"너 공부 되게 열심히 한다. 칭찬해."

주동희의 말에 고미래는 얼굴이 빨개졌다. 아무리 미션이라고는 하지만, 다른 아이들이 보는 앞에서 갑자기 그런 말을 들으니 창피한 것이다. 아니나 다를까 허진수가 주동희에게 황당한 표정으로 물었다.

여하튼 칭찬 한 번 했으니, 미션의 3분의 1은 달성한 것이다. 그런데 점심시간에 급식을 먹고 나자, 고미래가 벌떡 일어나 나

가는 것이었다. 주동희가 따라가서 물었다.

"어디 가?"

"도서관."

고미래가 대답하자, 주동희가 따라나섰다.

"나도 같이 가."

그러더니 앞서가는 것이 아닌가. 고미래는 주동희와 함께 가는 것이 싫지 않았다. 아니, 솔직히 좋았다. 도서관에 가자, 고미래는 책을 반납하고, 새로 읽을 책을 찾아 대출했다. 그런데 주동희는 깜짝 놀랐다. 고미래의 도서 대출 카드의 칸이 거의 다 채워져 있었기 때문이다.

"우아, 너 책 많이 읽는구나!"

고미래가 피식 웃었다. 칭찬할 거리를 찾으려고 애쓰는 주동희가 웃기면서도 고마웠기 때문이다. 그런데 고미래의 웃는 모습을 보고 주동희는 생각했다.

드디어 하루 동안 세 번, 진심으로 칭찬하라는 '진심으로 칭찬해' 미션을 완료했다. 주동희의 칭찬 세례에 고미래는 당황해 얼굴이 빨개졌다. 게다가 웃는 모습이 예쁘다니, 처음 듣는 칭찬이었다. 고미래가 당황하자, 주동희는 얼른 말했다.

"장난 아니야. 진심이야."

고미래의 얼굴이 더 빨개졌다. 그런데 그 순간, 고미래는 자신이 왠지 괜찮은 아이가 된 것 같았다. 공부 잘하고, 책 많이 읽고, 웃는 모습이 예쁜 고미래. 생각만 해도 기분이 좋고 자신감이 생기는 것 같았다. 고미래는 이제야 호야 님이 왜 첫 번째 미션으로 '진심으로 칭찬해'를 냈는지 이해가 됐다.

'호야 님은 내가 자신감이 부족한 걸 알았던 거야.'

처음 봤을 때, 호야 님이 속마음을 꿰뚫어 보는 것처럼 느꼈는데 정말 그런 것일까? 그런데 그때였다.

순식간에 세 가지의 칭찬을 다 해 버린 고미래. 주동희는 얼떨떨한 표정으로 고미래를 쳐다봤다. 고미래가 다시 쑥스러운 표정으로 말했다.

"정말이야. 난 진심으로 그렇게 생각해."

그러자 주동희가 웃으며 말했다.

"고마워. 네 칭찬 마음에 들어. 그리고 칭찬을 받으니까 기분이 좋네. 자신감도 생기고. 하하하."

주동희가 웃자, 고미래가 물었다.

"그럼 나도 미션 완료한 거야?"

"응. 우리 둘 다 미션 완료!"

말하기 비법 2

발표에 알맞은 말하기

발표는 공식적인 말하기 상황이기 때문에 여러 가지 지켜야 할 것들이 있어요. 다음에 나오는 내용을 활용해서 발표 준비를 해 보세요.

★ 높임말을 사용하기

수업 중에 하는 발표는 친한 친구들 앞에서 하는 말하기이기 때문에 반말을 써서 해도 될 것 같지만 그렇지 않아요. 공식적인 말하기는 나와 나이가 같거나 어린 사람들 또는 나와 친한 사람들 앞이더라도 높임말을 써야 해요. 학교에서 쉬는 시간에 하는 대화는 개인적인 말하기 상황이지만 수업은 공식적인 말하기 상황이기 때문이에요. 그래서 선생님들도 수업 중에는 여러분에게 높임말을 사용한답니다.

★ 목소리를 크고 또렷하게 내기

발표는 보통 여러 사람 앞에서 합니다. 그런데 목소리를 작게 내면 뒤쪽에 앉은 사람이 내 발표 내용을 제대로 듣지 못해요. 내용이 들리지 않으니 내 발표에 집중하지 못하게 되죠. 열심히 준비한 발표를 누군가가 알아듣지 못한다면 무척 속상하겠죠? 발표할 때 목소리를 크게 내기 위해 다음 방법을 사용할 수 있어요.

친구들이 많은 쪽을 바라보고 발표해요.
▷ 발표는 듣는 사람을 바라보고 해야 해요.

책이나 발표 자료로 입을 가리지 않아요.
▷ 내 목소리를 책이 가로막아 목소리가 전해지지 않아요.

허리와 가슴을 펴고 고개를 들어요.
▷ 자세가 구부정하면 소리를 내는 신체 기관이 방해를 받아요.

목소리를 멀리 보낸다고 생각하세요.
▷ 단순히 목소리를 크게 내려고 하면 듣기 싫은 소리를 내게 될 수 있어요. 크게 낸다기보다는 소리를 멀리 보낸다는 느낌으로 말하세요.

★ **말하기의 속도를 조절하기**

발표는 누구에게나 긴장되는 일입니다. 그래서 여러분이 발표할 때 가장 많이 하는 실수가 말을 너무 빠르게 하는 거예요. 말을 빠르게 하면 듣는 사람들은 여러분의 말을 이해하기 어렵고 집중하기도 힘듭니다. 긴장하면 평소보다 말의 속도가 더 빨라지므로 발표할 때는 평소보다 말을 느리게 한다는 생각으로 해 보세요. 이때, 중요한 부분의 단어는 특히 더 천천히 강조해서 말하면 사람들을 집중시키는 데 도움이 됩니다.

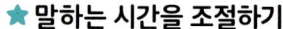 말하는 시간을 조절하기

발표가 길다고 무조건 좋은 발표는 아니에요. 내가 전하고 싶은 말을 정확히 전달하는 것이 필요하죠. 짧고 간략하게 발표하되 중요한 내용 위주로 발표하려고 노력해 보세요.

나쁜 예

이번에 현장 체험 학습은 제가 작년 가을에 다녀왔던 경주로 가야 합니다. 경주에 부모님과 함께 갔었는데 무척 재미있었습니다. 작년에 제가 경주에 갔을 때 첨성대를 보았습니다. 그리고 첨성대에서 걸어갈 수 있는 국립 경주 박물관도 갔는데 많은 유물을 볼 수 있었습니다. 또, 경주 월드가 있는데 경주 월드에 있는 인기 놀이 기구를 탔습니다. 세 시간 정도 타고 왔는데 무척 재미있었습니다. 아이들은 놀이 기구를 좋아합니다. 제 제일 친한 친구 세 명도 경주 월드를 가고 싶어 합니다.

좋은 예

이번 현장 체험 학습은 경주로 가야 합니다. 경주에는 첨성대 등 다양한 신라 시대의 유적과 유물을 볼 수 있고 또 아이들이 좋아하는 놀이 기구를 탈 수 있는 경주 월드가 있기 때문입니다.

3장
목소리 나팔

　호야 님은 주동희와 고미래가 서로에게 어떤 칭찬을 했는지는 물어보지 않았다. 마치 다 알고 있는 것처럼 말이다. 그리고 선물로 장난감 나팔을 하나씩 주었다. 고미래가 어리둥절한 표정을 지으며 나팔을 받아 들자, 주동희가 자신만 알고 있는 비밀을 알려 주는 것처럼 말했다.

주동희는 나팔에 대고 학교에서 배운 '가을 길'을 불렀다. 그런데 정말 피아노와 기타 연주가 반주가 되어 나오는 것이 아닌가. 고미래가 놀라 눈이 동그래졌다. 주동희도 노래를 멈추고 소리를 질렀다.

고미래는 고개를 끄덕이고는 나팔을 입에 대었다. 그러고는 노래를 불렀는데, 이상했다. 소리가 하나도 안 나는 것이었다. 고미래가 당황해 노래를 멈추자, 주동희가 의아한 표정으로 말했다.

"어, 넌 소리가 안 나네? 고장 났나?"

"그건 목소리가 작고 발성이 제대로 안 되기 때문이야. 그리고 큰 목소리와 제대로 된 발성은 올바른 자세와 호흡법에서 나오거든. 자, 먼저 자세부터 가르쳐 줄게."

그러더니 호야 님이 고미래의 자세를 고쳐 주며 설명했다.

고미래가 똑같이 따라 하자, 호야 님이 칭찬했다.

"잘하네. 자, 그렇게 호흡하고 소리를 내면서 나팔을 불어 봐."

고미래는 숨을 들이신 다음, 나팔에 대고 아~ 하고 소리를 냈다. 그러자,

"삐~!"

"나네, 소리!"

주동희가 자기 일처럼 좋아하며 말하자, 고미래는 용기를 얻어 조금 더 큰 소리로 아~ 하고 소리를 냈다.

"삐삐삐~!"

그러자 이번에는 좀 더 길게 소리가 나는 것이었다.

호야 님의 친절한 설명에 고미래는 진지한 표정으로 대답했다.
"네, 열심히 연습해 볼게요."

그러고는 마음속으로 결심했다. 자신이 부르는 노래가 주동희처럼, 아니 주동희보다 더 아름다운 음악이 되어 나올 때까지 열심히 연습하기로. 고미래는 집에 가자마자 호야 님이 가르쳐 준 대로 자세를 잡고 복식 호흡을 연습했다.

음악이 되어 나오지는 않았지만, 그래도 이번에는 삐 소리가 자신이 부른 음이 되어 흘러나왔다.

"오, 된다, 된다!"

연습한 효과가 바로 나타나니 고미래는 기분이 좋았다. 그런데 문득 주동희가 웃는 모습이 예쁘다고 칭찬했던 일이 생각났다. 고미래는 거울 앞에 서서 미소를 지으며 자신의 얼굴을 유심히 살펴봤다.

"예쁜가?"

예쁘다는 말을 들어서 그런가, 정말 예쁜 것 같기도 했다.

"이제부터는 자주 웃어야겠네."

고미래는 방긋 웃으며 다짐했다. 그리고 좋은 칭찬을 해 주고, 호야 님까지 소개해 준 주동희에게 고마운 마음이 들었다.

다음 날, 인기훈이 쉬는 시간에 화장실에 갔다 왔을 때였다. 아이들이 모여 이야기를 나누고 있는데, 언뜻 이야기하는 소리가 들렸다.

"인기훈 아빠가…."

'우리 아빠?'

아이들이 왜 아빠 이야기를 하고 있나 싶어 돌아보자, 이민아가 인기훈을 발견하고는 말하고 있던 김은희의 팔을 툭 쳤다. 그러자 김은희도 인기훈을 보고는 입을 다물어 버리는 것이 아닌가. 또 함께 있던 아이들도 인기훈의 눈치를 보며 각자의 자리로 돌아가는 것이었다.

 인기훈은 아이들의 태도에 찜찜한 마음이 들었다. 게다가 왜 아이들이 난데없이 자신의 아빠 이야기를 하고 있었던 것일까. 인기훈은 퍼뜩 한 가지 생각이 들었다.
 '혹시 주동희가?'
 주동희가 자신의 집안 사정을 소문낸 게 아닐까 하는 의심이 든 것이다. 그렇게 생각하니, 인기훈은 최근 주동희의 행동이 묘하게 달라진 느낌을 받았다. 예전에는 인기훈이 아이들과 이야기를 할 때면 주동희가 불쑥불쑥 끼어들기 일쑤였다. 그런데 요즘은 전혀 그런 일이 없다. 아니, 오히려 인기훈만 보면 표정이 굳어지고, 피하는 느낌마저 들었다.

'진짜 소문을 낸 거면 어떡하지?'

아이들이 자신이 거짓말한 것을 알게 됐다는 뜻이니 말이다. 생각이 여기까지 미치자, 그때부터 인기훈은 아이들의 말 한마디, 한마디가 신경 쓰이기 시작했다.

한편, 방과 후 주동희와 고미래는 신기 문구점에 가서 호야 님에게 '일취월장 발표술' 두 번째 미션을 받았다.

"두 번째 미션은 '자기소개 하기'야."

"자기소개요? 갑자기요?"

주동희가 의아한 표정으로 물었다. 보통 자기소개는 처음 만난 사람한테 하는 것이 아닌가. 전학을 갔다든지, 모임에서 처음 만났다든지 해서 서로 잘 모를 때 말이다. 호야 님이 주동희의 마음을 알아채고 설명해 주었다.

 호야 님이 주동희에게 가르쳐 줄 때만 해도 고미래는 '나도 저렇게 해야지' 하고 생각하고 있었는데, 갑자기 머릿속이 하얘지면서 아무런 생각이 나지 않았다. 그러자 호야 님이 고미래의 어깨를 잡아 부드럽게 내려 주며 말했다.
 "긴장을 너무 많이 하네. 자, 먼저 자세를 편안하게 하고…."

긴장해서 어깨가 올라가 단단하게 굳어 있었기 때문이다. 고미래는 호야 님에게 배운 대로 자세를 바르게 했다. 호야 님이 말을 이었다.

"복식 호흡 연습하고 있지? 한번 해 보자."

고미래는 연습한 대로 천천히 복식 호흡을 했다.

"흠~ 하~, 흠~ 하~."

그러자 점차 긴장감이 줄어들고 마음이 편안해졌다.

"미래는 웃는 모습이 예쁘잖아. 그러니까 웃으면서 하면 더 좋겠지?"

호야 님이 주동희가 했던 똑같은 칭찬을 하자, 고미래는 용기가 생겼다. 고미래가 미소를 짓자, 호야 님이 격려했다.

호야 님이 말한 대로 하자 정말 목소리가 커지고, 발음도 또렷해지고, 더듬지도 않았다. 그러자 호야 님이 칭찬했다.

"잘했어. 그렇게 하면 돼. 오늘 집에 가서 무슨 이야기를 할지 생각한 다음에 거울을 보면서 연습해 봐."

"거울을 보면서요?"

주동희가 묻자, 호야 님이 설명했다.

"응. 거울을 보면서 내 자세가 바른지, 표정은 어떤지, 어떤 점이 어색한지 스스로 깨닫고 부족한 부분을 고치는 거야. 자, 연습 많이 해서 내일은 더 멋지게 자기소개 하기. 알았지?"

그런데 그때였다. 누군가가 창문 밖에서 셋의 모습을 지켜보고 있는 것이 아닌가. 20대 후반 정도로 보이는 남자인데, 동네 사람은 아니다. 남자는 호야 님을 보며 속으로 비아냥거렸다.

그러더니 순식간에 몸이 싹 변하는데, 이게 뭔가! 엄청나게 큰 구렁이다.

긴장을 줄이는 방법

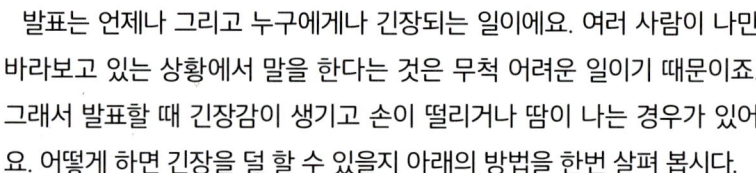

 발표는 언제나 그리고 누구에게나 긴장되는 일이에요. 여러 사람이 나만 바라보고 있는 상황에서 말을 한다는 것은 무척 어려운 일이기 때문이죠. 그래서 발표할 때 긴장감이 생기고 손이 떨리거나 땀이 나는 경우가 있어요. 어떻게 하면 긴장을 덜 할 수 있을지 아래의 방법을 한번 살펴 봅시다.

★ **내가 아는 내용 발표하기**

 조사 내용을 발표할 때 학생들이 가장 많이 하는 실수가 인터넷에서 찾은 내용을 그대로 가져와 발표하는 거예요. 이러면 발표를 하는 사람도 발표를 듣는 사람도 이해하지 못하는 발표가 돼요. 발표하는 사람은 내용을 잘 알지 못하니까 긴장감이 몇 배로 커집니다. 발표할 때는 내가 이해하지 못하는 내용은 차라리 발표하지 않는 게 좋아요. 발표하는 사람이 이해하지 못한 내용을 다른 사람에게 제대로 전달할 수 없기 때문이에요.

 어려운 단어가 있다면 쉬운 표현으로 바꾸어 말하는 것도 필요해요. 어려운 단어를 어려운 문장으로 말한다고 발표를 잘하는 게 아니에요. 오히려 쉬운 표현으로 쉽게 하는 발표가 잘하는 발표입니다. 유치원생 동생에게 설명해 준다는 생각으로 발표를 준비해 보세요.

★ 긴장을 줄이는 방법

발표 연습을 많이 하더라도 사람들 앞에 서는 것은 여전히 긴장되는 일이에요. 이때는 아래와 같은 방법들을 사용해서 긴장을 줄일 수 있어요.

심호흡하기

▷ 발표 전에 5~10회 정도 숨을 크게 들이마시고 내쉬어 보세요. 빨리 뛰는 심장의 속도를 늦추어 긴장을 줄이는 데 도움이 됩니다.

긴장한 상황을 미리 이야기하기

▷ 발표를 시작하기 전에 내가 긴장한 상태라는 것을 발표를 듣는 사람에게 미리 말하는 것도 좋습니다. "여러분 앞에 서니 너무 떨리네요. 그래도 최선을 다해 발표해 보겠습니다."와 같이 말하면서 긴장하고 있다는 것을 인정하면 긴장감을 낮추는 데에도 도움이 되고, 발표를 듣는 사람이 나의 상태를 알고 격려를 보내 줄 수도 있어요.

대본 준비하기

▷ 발표할 때 모든 내용을 외워서 발표하면 좋겠지만 긴장이 되어 까먹는 경우가 생깁니다. 그래서 미리 발표할 내용을 적은 대본을 준비하면 긴장감을 줄일 수 있습니다. 이때, 대본만 보고 발표를 하기보다는 대본을 통해 순서나 내용을 잠깐씩 확인하는 용도로 사용하세요. 발표 내용을 모두 적어 둔 대본을 가지고 있으면 내가 어느 부분을 발표하는지 찾기 힘들어요. 발표하려는 내용을 요약해 둔 대본이 더 도움이 됩니다. 만약 내가 자주 틀리거나 잊어버리는 부분이 있다면 형광펜으로 표시해 두는 것도 좋습니다.

실수할 수도 있다고 생각하기

▷ 실수는 누구나 한다는 사실을 인정하세요. 완벽하게 하려다 보면 긴장감이 더 커집니다. 실수는 발표 과정에서 당연히 생기는 것이에요.

친한 친구 바라보기

▷ 잘 모르는 사람이나 친하지 않은 사람 앞에서 긴장감은 더 커집니다. 만약 발표를 듣는 친구 중에 친한 사람이 있다면 친한 친구를 자주 바라보며 발표해 보세요.

발표를 긴장하지 않고 편안하게 하기 위해서는 내용을 반복하고 익숙하게 만드는 연습이 필요해요.

4장

수상한 남자

인기훈은 신제품에 관심이 많다. 그래서 아이들이 뭔가 새로 나온 것을 가져오면 끼어들어 아는 척을 한다.

"어디서 샀어? 나도 사고 싶었는데, 파는 데가 없더라고."

인기훈의 말에 허진수가 의아한 표정으로 말했다.

"인터넷에는 다 팔던데."

인기훈이 그제야 생각난 듯이 말했다.

"아, 그렇지. 인터넷에는 있긴 하더라."

그러더니 불쑥 말했다.

"진수야, 이거 하루만 빌려주면 안 돼? 나 이거 꼭 맞춰 보고 싶었거든. 인터넷에 주문해도 며칠은 걸리잖아."

허진수는 잠시 고민하는 듯이 입을 다물었다.

이쯤 되면 인기훈 바라기인 아이들이 저마다 빌려주라고 한마디씩 한다. 그럼 대부분의 아이들은 어쩔 수 없이 빌려주고 만다. 인기훈은 이번에도 그럴 줄 알고 기다렸는데, 아이들은 서로 눈을 끔쩍이며 아무 말도 안 하는 것이 아닌가.

정곡을 콕 집는 허진수의 말에 인기훈은 얼굴이 확 굳어졌다. 그리고 싸늘한 표정으로 말했다.

"알았어."

그러더니 갑자기 옆에 있던 주동희를 노려보는 것이 아닌가. 인기훈의 갑작스러운 행동에 주동희는 당황했다.

'뭐야, 왜 날 노려봐?'

잘못한 것도 없는데 말이다. 인기훈이 교실 밖으로 나가 버리자, 이영훈이 입을 삐죽거리며 말했다.

"거짓말쟁이 녀석. 맨날 빌려 달라고 해."

"거짓말쟁이?"

주동희는 깜짝 놀랐다. 인기훈이 자신의 집안 사정에 대해 거짓말을 한 것을 이영훈도 알고 있단 말인가. 그런데 이영훈이 속삭이듯 말했다.

"응. 인기훈, 이어폰 안 잃어버렸대. 그런데 잃어버렸다고 그 난리를 친 거래."

주동희는 처음 듣는 이야기다.

"그래?"

주동희가 눈이 동그래져 묻자, 이영훈이 상황을 전했다.

"인기훈이 이어폰 잃어버린 다음 날, 못 찾았다고 그랬잖아. 그런데 김은희가 이어폰 끼고 있는 거 봤대."

　이어폰 도난 사건 다음 날, 김은희는 길을 가다가 인기훈을 발견하고 불렀는데 듣지 못하더니 마침 그때, 귀에서 이어폰을 빼더라는 것이었다. 김은희가 이 이야기를 아이들에게 전했고, 아이들은 인기훈이 거짓말을 하고, 고미래를 범인으로 몰았다며 수군대고 있다고 했다. 허진수가 말을 이었다.

　"그래서 나도 안 빌려준다고 한 거야. 또 빌려 가면 언제 줄지 모르잖아."

　인기훈이 뭔가를 빌리면 핑계를 대며 잘 돌려주지 않기 때문이다. 주동희는 의아한 생각이 들었다.

한편, 교실 밖으로 나간 인기훈은 창문으로 아이들의 행동을 살펴봤다. 그런데 이영훈과 허진수가 주동희 주변에 모여서 수군거리고 있는 것이 아닌가.

'주동희, 저 녀석이 범인이야.'

인기훈은 주동희가 자신의 비밀을 아이들에게 소문냈고, 그래서 아이들의 태도가 달라진 것이라는 확신이 들었다. 혹시나 했던 일이 현실이 됐다고 생각하니, 인기훈은 주동희가 미워졌다.

사실 인기훈이 처음부터 아이들을 속이려고 했던 것은 아니었다. 작년 초까지만 해도 인기훈은 서울에서도 꽤 부유하게 살았다. 그런데 아빠의 사업이 갑자기 망하고, 하루아침에 온 가족이 뿔뿔이 흩어지게 된 것이다.

　빚 좀 갚고 자리 잡을 때까지만 할머니와 살라는 부모님의 말을 인기훈은 거절할 수 없었다. 자신이라도 부모님의 짐을 덜어 주고 싶었기 때문이다.

　하지만 낯선 곳에서 낯선 아이들과 지낼 생각을 하니, 인기훈은 눈앞이 깜깜했다. 다행히 아이들은 인기훈을 반겨 주었고, 인기훈의 멀끔한 차림새에 부잣집 아들로 오해하기 시작했다. 그리고 부모님과 떨어져 할머니와 함께 살게 된 이유를 궁금해하며 물어봤다.

　'솔직하게 말해야 하나?'

　하지만 그럴 수가 없었다. 아이들이 자신에게 실망할까 봐 두려웠던 것이다. 그래서 부모님이 미국으로 사업을 하러 가셔서 할머니와 잠깐 살게 되었다고 거짓말을 했다. 그러고 나니, 거짓말이 또 다른 거짓말을 낳았다.

　'아빠가 곧 데리러 온다고 하셨으니까…'

　다시 서울로 가면, 자신이 했던 말들이 거짓말이 되지 않을 거라고 생각한 것이다. 하지만 1년이 넘도록 아빠는 약속을 지키지 못하고 있다. 인기훈은 거짓말이 들통날까 봐 점점 더 두려워졌다. 그러던 와중에 주동희가 자신의 작은아버지 이야기를 꺼낸 것이다. 인기훈은 이러다가 사실이 퍼져 아이들이 전부 자신을 따돌리지 않을까 걱정하며 두려워졌다.

'더 이상은 못 참아.'

인기훈은 주먹을 꽉 쥐고 주동희를 노려봤다. 그리고 주동희에게 계속 자신의 이야기를 떠벌리고 다니면 가만두지 않겠다고 경고하기로 결심했다. 그래서 수업이 끝나자마자, 인기훈은 주동희에게 가서 고압적인 자세로 말했다.

주동희가 의아한 표정으로 물었다. 인기훈은 당당하다 못해 저항하는 듯한 주동희의 태도에 기분이 나빴다. 예전 같았으면 이런 태도를 보일 주동희가 아니었기 때문이다.

"할 말이 있으니까 그렇지."

인기훈이 시비조로 말하자, 주동희는 인상을 팍 쓰더니 곧바로 대꾸했다.

"그래? 그럼 말해."

주동희도 주눅 들지 않으려고 세게 말했다. 인기훈과 말을 섞고 싶은 생각이 별로 없었기 때문이다. 인기훈이 다시 말했다.

"나와, 밖으로."

하지만 주동희는 버티고 서서 대답했다.

"여기서 말해. 나 빨리 가야 된단 말이야."

갑작스러운 큰 소리에 아이들이 깜짝 놀라 둘을 쳐다봤다. 늘 나긋나긋한 목소리로 화낼 줄 몰랐던 인기훈이 소리를 지르다니. 게다가 이쯤 되면 인기훈의 기세에 눌려 따라갈 만도 한데, 주동희는 끝까지 거부하는 것이었다.

"네가 나오라고 하면 나가야 돼? 나는 오늘 바쁘니까 내일 얘기해."

그러더니 고미래를 보며 말했다.

"가자, 미래야!"

오늘 호야 님에게 일취월장 발표술의 두 번째 미션인 '자기소개하기'를 확인받아야 하기 때문이다. 주동희가 앞서 나가자, 고미래가 인기훈의 눈치를 보며 따라 나갔다. 그 모습을 본 인기훈은 창피하고 화가 났다. 말만 많고 인기 없는 별 볼 일 없던 주동희가 감히 자신에게 맞서다니! 인기훈은 주먹을 꽉 쥐며 지금의 치욕을 꼭 대갚음해 주겠다고 다짐했다.

그런데 인기훈이 막 학교 교문을 나왔을 때였다. 한 남자가 쓱 다가오더니 말을 걸었다.

"궁금하지 않아?"

뜬금없는 질문에 인기훈은 남자를 쳐다봤다. 처음 보는 사람이었다. 낯선 사람이라 인기훈은 대답하지 않고 그냥 가려고 했다. 그런데 남자가 따라오며 다시 물었다.

"궁금하지 않느냐고. 저 별 볼 일 없던 녀석이 왜 저렇게 당당해졌는지."

그러면서 앞을 가리키는데, 주동희가 고미래와 함께 걸어가고 있는 것이 아닌가. 인기훈은 깜짝 놀랐다. 조금 전 주동희를 보며 자신이 했던 생각을 그대로 물어봤기 때문이다.

"네?"

인기훈이 놀라며 남자를 봤는데, 순간, 소름이 쫙 끼쳤다. 남자의 눈이 사람 눈 같지 않았기 때문이다. 인기훈이 놀라 멈칫하는데, 남자가 또 물었다.

주동희가 너무 당당하고 논리적으로 말하는 바람에 졸지에 인기훈은 고미래를 증거도 없이 의심하는 나쁜 사람으로 몰렸다. 게다가 아까도 끝까지 싫다고 또박또박 말하지 않았던가.

"맞아요. 그랬어요."

주동희가 말 잘하게 된 것과 문구점이 무슨 연관이 있단 말인가. 인기훈이 되묻자, 남자는 의미심장한 표정으로 대답했다.

"저 문구점에 아주 엄청난 비밀이 숨겨져 있거든. 어때? 뭔지 가르쳐 줄까?"

남자의 유혹에 인기훈은 잠시 고민했다. 주동희도 자신의 비밀을 알고 소문을 냈으니, 자신도 주동희의 약점 하나쯤은 알고 있어야 되지 않을까? 그것이 어쩌면 주동희의 입을 틀어막을 좋은 무기가 될 수도 있지 않을까 생각한 것이다. 하지만 인기훈은 엄마가 어렸을 때부터 늘 했던 말이 문득 생각났다.

'모르는 사람이랑은 말도 하지 말고, 따라가지도 마. 알았지?'

인기훈은 남자를 다시 살펴봤다. 역시 처음 보는 사람이다. 게다가 눈빛도 예사롭지 않으니, 인기훈은 남자가 의심됐다. 그래서 손을 내저으며 거부했다.

"아니요. 안 궁금해요."

그러고는 쏜살같이 뛰어 도망을 쳤다. 남자가 따라오면 어떡하나 걱정했지만, 다행히 따라오지는 않았다. 남자가 안 보이자, 인기훈은 안도의 한숨을 쉬었다.

"휴, 큰일 날 뻔했네."

그러나 이내 남자가 했던 말이 떠올랐다.

'문구점의 비밀? 대체 뭐지?'

인기훈은 주동희가 신기 문구점이 다시 문을 연다는 소식을 처음 전했던 일이 생각났다. 그리고 지금도 고미래와 함께 문구점에 들어가지 않았던가. 주동희가 문구점과 관련이 있다는 건 사실이라는 이야기다. 인기훈은 문구점이 대체 어떤 곳인지 궁금해졌다.

그 시간, 주동희와 고미래는 호야 님 앞에서 두 번째 미션을 확인받고 있었다. 먼저 주동희가 자기소개를 했다.

호야 님이 만족한 표정으로 칭찬했다. 다음은 고미래 순서. 고미래가 긴장된 얼굴로 자세를 잡자 주동희가 격려했다.

"고미래, 파이팅!"

그러자 고미래는 미소를 짓더니, 심호흡을 했다.

"흠~ 하!"

긴장이 좀 풀리자, 고미래는 준비한 자기소개를 시작했다.

안녕하세요? 저는 고미래입니다. 저는 사실 소극적인 성격에 목소리도 작아서 말을 잘하지 못해요. 그래도 열심히 준비했으니 잘 들어 주세요.

자신의 부족함을 먼저 솔직하게 말하며 이야기를 듣는 사람들에게 관심을 호소하는 고미래. 주동희는 고미래처럼 해도 되나 싶어 호야 님의 반응을 살피기 위해 쳐다봤다. 그런데 호야 님은 고미래를 바라보며 고개를 끄덕이는 것이었다. 고미래가 용기를 내어 먼저 부탁했으니, 잘 들어 주겠다는 표현을 하는 것이다. 주동희도 얼른 호야 님을 따라 고미래를 향해 고개를 끄덕였다.

'좋아, 고미래. 주동희와 호야 님이 응원해 주고 있어.'

고미래는 두 사람의 행동에 마음이 더 편안해졌다. 그래서 준비한 내용을 계속 이어 나갔다.

주동희가 감탄한 듯 말하자, 고미래는 얼굴이 빨개졌다. 호야 님이 칭찬했다.

"연습 많이 했네. 자세도 바르고, 목소리도 많이 커졌어. 잘했어."

"정말요? 다행이다."

고미래가 그제야 안도의 한숨을 쉬었다. 열심히 연습을 하기는 했지만, 막상 발표하려니 또 긴장이 되었기 때문이다. 그래도 호야 님과 주동희가 잘 들어 주니 말할 용기가 나서 끝까지 할 수 있었다. 고미래는 다시 용기를 내어 호야 님에게 물었다.

"저, 나팔 연습도 많이 했는데, 한번 불어 봐도 돼요?"

"그럼, 당연히 되지. 어서 불어 봐."

호야 님이 반기자, 고미래는 가방에서 '목소리 나팔'을 꺼냈다. 그리고 자세를 똑바로 하고 천천히 복식 호흡을 한 다음, 나팔을 불기 시작했다. 지난번에 주동희가 불었던 '가을 길'이었다. 그런데 피아노에 기타, 플루트까지 여러 악기가 어우러진 멋진 음악이 되어 흘러나오는 것이 아닌가. 주동희가 눈을 동그랗게 뜨며 환호했다.

"멋지다! 대단해!"

지난번에는 삑 소리도 겨우 났는데, 그동안 고미래가 얼마나 열심히 연습을 했으면 이런 멋진 소리가 나오는가 싶었다.

호야 님도 놀란 표정으로 말했다. 고미래는 자신의 부족함을 알고 더 연습하고 노력한 결과, 오늘 큰 목소리로 또박또박 자기소개를 할 수 있었던 것이다.

호야 님은 뿌듯한 마음이 들었다. 주동희와 고미래가 자신의 말을 잘 듣고, 미션을 성공하기 위해 최선을 다하고 있기 때문이다. 호야 님이 호쾌한 목소리로 선언했다.

"좋았어. 그럼 두 번째 미션도 성공이야!"

"와!"

주동희와 고미래는 좋아서 서로 손뼉을 마주치며 기뻐했다. 호야 님이 말했다.

또박또박 자신의 생각을 말하는 고미래. 고미래가 원래 이렇게 말을 잘했나 싶을 정도였다. 호야 님이 물었다.

"주동희, 어떻게 생각해?"

"저도 좋아요. 다른 아이들이 잘 모르는 사람을 하면 더 좋을 것 같다는 생각을 했거든요."

자신도 허난설헌을 잘 몰랐으니, 다른 아이들도 그렇지 않겠는가. 호야 님이 고개를 끄덕이며 말했다.

"좋아. 그럼 허난설헌으로 하는 걸로 정하고, 이제 세 번째 미션을 내 줄게."

"세 번째 미션이요? 뭔데요?"

　호야 님은 발표하거나 글을 쓸 때는 서론, 본론, 결론으로 나누어 준비하면 좀 더 논리적으로 정리할 수 있다고 말했다. 서론에는 어떤 주제로 이야기할지 간단하게 설명하되, 듣는 사람이 호기심을 느끼도록 재미있는 이야기나 소품을 준비하는 것이 좋다고 덧붙였다. 또 본론에서는 그 사람의 생애나 업적 등을 정리하고, 시선을 집중할 수 있도록 그림이나 사진을 쓰는 것이 좋다고 설명했다. 그리고 마지막 결론에서는 앞의 내용을 간단하게 요약해서 말하고, 준비하면서 느꼈던 점을 이야기하며 마무리하면 된다고 알려 주었다.

　호야 님의 설명을 다 듣고 나자, 고미래가 자료 수집을 위해 직접 생가터와 기념관에 가 보자는 의견을 냈다. 이에 주동희도 동의하자, 호야 님이 잔뜩 기대하는 표정으로 말했다.

　"그럼 세 번째 미션도 성공할 수 있도록 열심히 해 봐. 세 번째 미션에 성공하면 선물을 하나씩 주지!"

　"좋아요. 헤헤헤."

　주동희가 신이 나서 박수를 치자, 고미래도 웃으며 덩달아 박수를 쳤다.

발표에도 메라비언의 법칙

1권에서 배웠던 메라비언의 법칙을 기억하나요? 메라비언의 법칙은 말하기를 할 때 말의 내용은 7%만 영향을 주고 목소리가 38%, 몸동작과 태도는 55%의 영향을 미친다는 법칙이에요. 발표도 말하기이기 때문에 메라비언의 법칙이 적용돼요. 목소리 내는 방법에 대해서는 이미 이야기했으니 발표할 때 몸동작과 태도는 어떻게 해야 하는지 알아봅시다.

★ **손짓 사용하기**

발표하는 사람의 손짓은 듣는 사람이 발표 내용을 이해하는 데 도움을 줘요. 발표할 때 사용할 수 있는 손짓 중 몇 가지 예를 살펴볼까요?

❶ **손가락으로 숫자 표시하기:** 발표 내용 중에 나오는 숫자를 손가락으로 표시할 수 있어요. 300이라는 숫자를 이야기할 때 손가락 세 개를 펴거나 첫째, 둘째, 셋째라는 단어가 나올 때 손가락을 사용할 수 있어요.

❷ **손가락으로 가리키기:** 그림이나 화면 자료를 사용한다면 발표 자료에서 설명하는 부분을 손으로 가리키며 발표하면 좋아요.

❸ **그 외 사용할 수 있는 손짓:** 엄지손가락 치켜들기, OK 표시하기, 크고 작음 표현하기 등

★ 표정 짓기

❶ **살짝 미소 짓기:** 발표할 때 살짝 미소를 지으며 발표하면 여유도 생기고 듣는 사람도 편하게 내용에 집중할 수 있습니다.

❷ **발표 내용에 따라 표정 바꾸기:** 발표 내용에 따라 표정을 다양하게 사용하면 좋습니다. 큰 숫자를 말할 때는 놀란 표정을 짓거나 안타까운 내용을 이야기할 때는 속상한 표정을 짓는 등 다양한 상황에 따라 표정을 지어 보세요.

★ 시선 처리하기

❶ **모든 사람에게 골고루 시선 주기:** 발표를 할 때 되도록 발표를 듣는 사람을 두루두루 쳐다보는 게 좋습니다. 한 곳만 보기보다는 자연스럽게 좌우로 시선을 옮기며 발표하세요.

❷ **눈 마주치기:** 시선은 허공이나 먼 곳이 아닌 발표를 듣는 사람들의 눈을 바라보는 것이 좋습니다.

Tip) 만약 사람들의 눈을 마주치기 어렵다면 이마나 미간(눈과 눈 사이) 또는 코를 쳐다봐도 좋아요. 대신 이때 시선이 아래쪽으로 향하지 않도록 해 주세요.

★ 태도 취하기

❶ **말끝을 흐리지 않기:** 발표할 때는 마침표를 확실히 찍으며 발표하세요. '~습니다.', '~입니다.'와 같은 마지막 말까지 분명히 말해 주세요. 이것만으로도 여러분이 긴장하고 있는 것을 숨길 수 있어요.

❷ **발표의 시작과 끝을 확실히 하기:** 발표를 빨리 끝내고 싶은 마음에 마지막 인사를 하기도 전에 자리로 돌아가려고 하는 경우가 있습니다. '이상으로 발표를 마치겠습니다.'와 같은 끝맺음 말과 인사를 제대로 마치고 자리로 돌아가세요.

❸ **듣는 사람을 등지지 않기:** 자료를 사용해 발표하는 경우, 발표하는 사람이 화면에 떠 있는 발표 자료를 보느라 발표를 듣는 사람을 등지고 말하는 경우가 많아요. 이렇게 되면 목소리도 잘 전달되지 않고 발표를 듣는 사람이 여러분의 표정이나 몸짓을 보기 어려워요. 그러니 듣는 사람을 등지지 않고 말하면서 발표 자료를 가리킬 수 있도록 해야 해요.

몸동작과 태도는 발표와 듣는 사람에게 크게 방해되지 않도록 하는 것이 중요해요.

강심장 젤리

토요일 아침, 허난설헌의 생가터에 가기로 한 고미래는 설레는 마음이 들었다. 주동희와 함께 가기 때문이었다. 이전에는 주동희를 말은 많지만 그래도 재미있는 아이로 알고 있었다. 그런데 아이들이 자신을 범인으로 몰 때 편을 들어 준 것도 고맙고, 발표 짝이 되었을 때 싫은 티를 안 낸 것도 고마웠다. 또 늘 자신을 배려하고 격려해 주는 주동희의 모습에 고미래는 주동희가 점점 좋아졌다. 그러니 숙제 때문이지만, 함께 간다는 것만으로도 설레는 것이다. 고미래는 한껏 꾸미고서 약속 장소로 갔다. 그런데 주동희가 고미래를 보자마자 밝은 얼굴을 하고 말했다.

 고미래의 칭찬에 주동희는 어깨가 으쓱해졌다. 그리고 고미래와 죽이 척척 맞는다는 생각이 들었다. 서로 말을 하지 않아도 이렇게 각자 알아서 준비를 해 오니 말이다. 둘은 허난설헌의 생가터와 기념관에 가서 여러 자료를 보고 사진도 찍었다.

고미래가 영 자신 없는 표정을 짓자, 주동희가 격려했다.

"연습하면 되잖아. 목소리 나팔도 그렇게 잘 불었는데, 뭘 못 하겠어."

고미래는 잠시 생각하더니 용기를 내었다.

"그래, 한번 해 볼게."

열심히 그리고 꾸준히 연습하면 할 수 있을 거라는 자신감이 생겼기 때문이다.

"오, 예!"

고미래의 대답에 주동희가 좋아하며 몸을 흔들었다. 그 모습이 웃겨 고미래는 웃음을 터뜨렸다. 주동희도 같이 크게 웃었다.

"하하하."

둘은 함께 주동희의 집에 가서 책과 인터넷 자료, 그리고 직접 가서 조사한 자료를 이용해 발표할 원고를 만들었다. 세 번째 미션인 '논리적인 글쓰기'를 수행하기 위해 호야 님이 가르쳐 준 대로 해야 할 말을 서론, 본론, 결론으로 나누고 정리했다. 또 아이들에게 보여 줄 자료는 내용을 간단하게 요약해서 쓰고, 직접 찍은 사진을 넣었다.

둘은 일요일에 신기 문구점에 가서 열심히 준비한 원고와 자료를 호야 님에게 보여 주었다. 호야 님이 꼼꼼하게 살펴보더니 만족한 웃음을 지으며 말했다.

"멋진데? 세 번째 '논리적인 글쓰기' 미션도 성공이야!"

"야호!"

주동희와 고미래는 기뻐서 방방 뛰었다. 그리고 자신감이 샘솟아 둘이 힘을 합하면 못할 일이 없을 것 같다는 생각이 들었다. 호야 님이 작은 젤리 상자를 주며 말했다.

"약속한 선물, '강심장 젤리'야."

고미래가 화들짝 놀라며 물었다.

"강심장 젤리요? 설마 심장으로 만든 젤리예요?"

엉뚱한 고미래의 질문에 호야 님은 크게 웃으며 말했다.

하하하. 그런 건 아니야. 세상에 무서울 것 없는 강심장으로 만들어 주는 젤리야.

이름만 듣고 오해해서 깜짝 놀랐네요. 헤헤.

　주동희의 말에 호야 님이 말했다.

　"그때 쓰라고 주는 거야."

　그러면서 알 수 없는 미소를 짓는데, 두 아이는 전혀 눈치채지 못했다. 호야 님이 말을 이었다.

"하지만 발표를 잘하려면 연습을 많이 해야 하는 거 알지?"

"당연하죠. 집에 가서 이거 다 외울 거예요."

주동희가 발표 원고를 내밀며 말하자, 호야 님이 고개를 저었다. 호야 님의 반응이 기대했던 것과 다르자, 주동희는 고개를 갸웃하며 되물었다.

"내용을 정확하게 알아야 발표할 수 있잖아요?"

호야 님의 설명에 주동희가 동의했다. 발표할 때 몇 번 경험한 적이 있기 때문이다. 고미래도 고개를 끄덕이며 말했다.

"흐름을 잘 파악하고 있는 게 중요하겠네요."

"그렇지. 그리고 거울이나 가족, 친구들 앞에서 연습해 보는 것도 좋은 방법이야."

호야 님의 조언에 고미래는 다짐하며 말했다.

"네, 열심히 연습해서 발표도 잘해 볼게요."

그러자 주동희가 호야 님에게 눈을 찡긋하며 말했다.

"기쁨의 눈물을 흘릴 수 있도록 노력하겠습니다! 헤헤헤."

최선을 다하려는 주동희와 고미래를 보니, 호야 님은 수제자를 얻은 것같이 기뻤다. 그리고 주동희의 말대로 둘이 발표를 잘해서 꼭 기쁨의 눈물을 흘려 주길 기대했다.

고미래는 집에 돌아가 자신이 맡은 부분을 거울로 보며 계속 연습했다. 그리고 중간중간 목소리를 더 크고 자신 있게 내기 위해 '목소리 나팔'도 연습했다. 밤늦도록 연습을 하는 것을 보고 엄마가 눈이 동그래져 물었다.

"열심히 하네!"

고미래가 이렇게 열심히 발표 숙제를 한 적이 없었기 때문이다.

고미래는 호야 님이 가족들 앞에서 연습해 보라고 한 말이 기억났다. 그래서 엄마에게 물었다.

"엄마, 나 하는 거 한번 봐 주실래요?"

"오, 그래, 해 봐."

엄마가 반색하며 말했다. 다른 때 같으면 해 보라고 해도 싫다고, 절대 안 한다고 했었기 때문이다. 고미래는 호야 님이 가르쳐 준 대로 자세를 바로 잡고, 심호흡을 했다. 그리고 엄마 앞에서 발표를 시작했다. 엄마 앞이라 그런지 그렇게 떨리지는 않았다. 발표가 다 끝나자, 엄마가 박수를 치며 칭찬했다.

소극적인 성격에 목소리도 작아 발표를 해야 할 때면 늘 주눅 들고 자신 없어 했는데, 이렇게 자신감 있고 당당하게 발표를 하다니. 고미래의 달라진 모습에 엄마는 감탄했다.

"어떻게 이렇게 잘하게 됐어?"

엄마가 궁금해 묻자, 고미래가 대답했다.

"주동희랑 호야 님 덕분이에요."

"주동희? 반 친구야? 그리고 호야 님? 호야 님은 또 누구야?"

엄마가 의아한 표정으로 묻자, 고미래는 미소를 띠며 말했다.

"지금은 비밀이고요. 나중에 말씀드릴게요."

발표 숙제를 성공적으로 마치고 나서 그동안 있었던 일들을 모두 말하고 싶었던 것이다.

"비밀? 우리 딸 비밀도 생기고, 이제 다 컸네."

엄마가 흐뭇한 미소를 지으며 말했다. 고미래는 자신의 달라진 모습을 보고 기뻐하는 엄마를 보니, 뿌듯한 마음이 들었다. 발표를 잘하고 싶은 마음에 고미래는 늦은 밤까지 연습 또 연습했다. 그리고 목소리도 크게 내기 위해 복식 호흡도 계속했다. 그러자 자신감이 점점 더 생겼다. 이제는 뭐든 잘할 수 있을 것 같은 마음이 들었다.

그런데 다음 날, 국어 시간이었다. '이야기를 읽고 생각이나 느낌 나누기' 단원을 공부하고 있었는데, 선생님이 질문을 하셨다.

　고미래는 고민이 되었다. 사실 다른 때도 선생님이 질문을 하시면 답을 알고 있을 때가 많았다. 그러나 발표를 하고 싶은 마음은 전혀 없었다. 아이들의 시선이 쏠리는 것도 두렵고, 목소리가 작아 모두 들리게 말할 자신도 없었기 때문이다. 그런데 그동안 호야 님께 '일취월장 발표술'을 배우며 미션을 성공하기 위해 열심히 노력했더니, 이제 목소리도 커지고, 자신감도 생기지 않았던가. 그러니 한번 도전해 보고 싶은 마음이 드는 것이었다. 고미래가 잠시 고민하고 있는데, 아이들은 여전히 조용했다. 그러자 선생님이 아이들을 보며 재촉했다.

　아이들 모두 고미래의 달라진 모습에 놀란 표정이었다. 주동희도 힘껏 박수를 쳐 주었다. 그러나 인기훈은 고미래를 의아한 눈빛으로 보며 생각했다.

　'고미래, 뭐야? 왜 갑자기 달라진 건데?'

그때였다. 인기훈의 눈에 고미래와 주동희가 서로 눈빛을 주고받는 것이 포착됐다. 고미래가 뒤에 앉은 주동희를 쳐다보자, 주동희가 엄지를 들어 올리며 웃었다. 그러자 고미래도 기분 좋은 듯 활짝 웃는 것이었다. 인기훈은 고미래가 웃는 모습을 처음 보았다. 달라진 고미래의 모습에 주동희의 행동까지, 둘 다 확실히 수상하다.

'대체 둘이 뭐야?'

인기훈은 주동희와 고미래가 함께 신기 문구점으로 가던 모습이 생각났다. 그리고 그때 만난 남자가 했던 말이 떠올랐다.

#

발표는 말하기입니다. 말하기는 상대방이 있어야 가능합니다. 그래서 발표는 듣는 사람이 중요하다고도 이야기하죠. 여러분이 발표할 때 사람들은 '귀로 듣고'만 있지는 않아요. 그래서 발표할 때 사람들이 볼 수 있는 자료를 사용해서 '눈으로도 보도록' 내용을 전달할 수 있으면 좋아요.

★ **발표할 때 사용할 수 있는 자료의 종류**

발표할 때 다양한 자료를 사용하면 좋아요. 내가 발표하는 내용에 맞는 적절한 자료를 사용하면 여러분은 더 효과적으로 전달하고 싶은 내용을 발표할 수 있어요. 발표할 때 쓸 수 있는 자료의 종류와 특징을 알아볼까요?

사진 자료

사진 자료는 사물의 모습을 자세히 보여 줄 때 사용하면 좋아요. 예를 들어 내가 좋아하는 동물의 모습을 말로만 설명하는 것보다는 사진을 통해 구체적으로 보여 주면 듣는 이에게 도움이 됩니다.

예시 사진 자료를 사용하면 좋은 발표 내용: 강아지의 품종, 과일의 종류, 좋아하는 가수 소개 등

영상 자료

영상 자료는 발표하려는 내용을 생동감 있게 보여 줄 때 사용하면 좋아요. 그리고 사람들의 관심을 쉽게 끌 수 있습니다. 대신 이때, 영상의 길이가 너무 길어지면 발표 시간이 길어지므로 중요한 부분만 짧게 보여 주는 것이 좋습니다.

예시 영상 자료를 사용하면 좋은 발표 내용: 음식을 만드는 방법(과정), 여행지를 찾아가는 방법(일정) 등

소리 자료

소리 자료 중에서 배경 음악을 사용하면 발표의 분위기를 다양하게 바꿀 수 있어요. 또 효과음을 사용해서 사람들이 집중하도록 할 수 있습니다.

예시 소리 자료를 사용하면 좋은 발표 내용: 동물의 울음소리, 좋아하는 노래 소개 등

표

표는 복잡한 내용을 한눈에 보기 좋게 만듭니다. 여러 가지 내용을 비교하는 데도 도움이 되죠.

예시 표를 사용하면 좋은 발표 내용: 우리 반 아이들이 좋아하는 과일, 지역별 인구수 등

도표(그래프)

막대그래프를 사용하면 여러 숫자의 크기를 비교하기에 좋아요. 꺾은선 그래프는 변화를 나타내는 데 도움이 됩니다. 띠그래프나 원그래프는 여러 항목의 비율을 비교하는 데 좋습니다.

예시 도표(그래프)를 사용하면 좋은 발표 내용: 우리나라 월별 강수량, 지구의 평균 온도 변화 등

실물

실물은 어떤 자료보다도 생생하게 발표 내용을 전달할 수 있어요. 사진이나 영상보다도 발표하는 대상을 가장 확실하게 보여 줄 수 있거든요. 눈으로 보는 것뿐만 아니라 직접 만져 볼 수도 있어서 좋습니다.

예시 실물을 사용하면 좋은 발표 내용: 내가 만든 작품 소개, 식물의 종류 등

★ **영상 자료는 길이를 조절하기**

영상 자료를 사용할 때 여러분은 직접 찍은 영상 또는 인터넷 영상(유튜브 등)을 사용하게 됩니다. 그런데 내가 쓰려는 영상의 길이가 2분 30초라고 내 발표 시간 3분 중에서 2분 30초를 영상을 보여 주는 데 써서는 안 되겠죠? 영상 내용 중 필요한 부분만 미리 편집하거나 필요한 영상이 나오는 시간을 기록해 두고 필요한 부분만 틀도록 하세요.

Tip) 시각 자료는 복잡하지 않게 보는 사람이 쉽게 파악할 수 있도록 정리하는 게 좋아요.

★6장★
발표 왕이 되다!

드디어 발표 날이 되었다. 아침부터 고미래는 떨리는 마음으로 진정이 안 됐다.

'왜 이렇게 떨리지?'

엄마 앞에서 연습할 때까지는 괜찮았는데, 오늘은 진짜 발표하는 날이라 그런 것일까? 준비한 원고를 읽고 또 읽고, 심호흡을 하고 또 해도 떨리는 마음이 가라앉지 않았다. 주동희가 긴장한 고미래를 보고 말했다.

"연습한 대로만 하면 돼. 너무 걱정하지 마."

주동희가 옆에 있을 것을 생각하니, 고미래는 긴장이 조금 풀어졌다. 그런데 막상 발표 시간이 다가오자, 점점 더 떨리면서 연습했던 것이 하나도 생각이 안 나는 것이 아닌가.

그동안 주동희와 함께 열심히 준비하고 연습했는데, 망쳐 버리면 어쩌나 걱정이 되었다. 곧 수업이 시작되자 고미래의 긴장감이 더욱 커졌다. 첫 순서로 발표하는 팀이 앞으로 나왔다.

주동희는 가슴이 쿵 내려앉았다. 같은 인물을 발표하기 때문이었다. 주동희가 놀란 눈으로 고미래를 쳐다보자, 고미래는 얼굴이 사색이 되어 있었다. 고미래가 허난설헌을 하자고 했을 때, 주동희는 자신이 잘 모르는 인물이니, 다른 아이들도 모를 거라고 생각했다. 그래서 이왕이면 잘 모르는 인물을 하는 게 좋을 것 같았는데…. 바로 앞 팀이, 그것도 똑똑하고, 인기 많고, 말 잘하기고 유명한 인기훈과 강현아라니. 주동희는 자신감이 뚝 떨어졌다.

'완전 망했다.'

인기훈 팀보다 더 잘할 자신이 없었기 때문이다. 게다가 똑같은 인물을 바로 앞에서 하면 비교될 것이 빤한 상황. 해 보나 마나 한 게임이라는 생각이 들었다. 그런데 고미래가 받은 충격은 더 컸다. 그 소리를 듣자마자 자신감이 급격히 떨어지면서 손이 덜덜 떨리고, 가슴도 벌렁벌렁 뛰기 시작한 것이다. 주동희가 고미래를 쳐다보자, 고미래는 거의 울 것 같은 표정이었다. 순간, 주동희는 호야 님이 준 '강심장 젤리'가 떠올랐다.

'이럴 때일수록 정신을 똑바로 차려야 해.'

주동희는 주머니에서 젤리를 꺼내 고미래에게 보이며 먹으라는 시늉을 했다. 그러자 고미래도 호야 님이 젤리를 주며 했던 말이 떠올랐다.

 호야 님이 주었으니, '목소리 나팔'처럼 분명 신기한 젤리일 것이다. 고미래는 젤리를 꺼내 입에 넣었다. 달콤하고 쫀득한 젤리의 맛이 입안 가득 퍼졌다. 고미래는 젤리를 먹으며 얼른 주문을 외웠다.

 '나는 할 수 있다, 나는 할 수 있다.'

 그런데 이게 어떻게 된 일인가. 긴장된 마음이 한순간에 싹 풀어지면서 걱정도, 무서울 것도 없어지는 것이 아닌가.

 '고미래, 오늘을 위해 열심히 준비했잖아? 연습했던 것만큼만 하자. 우리 팀이 더 잘하면 돼. 우리는 할 수 있어!'

고미래는 젤리를 먹으며 굳은 다짐을 했다. 주동희도 젤리를 먹자, 고미래와 같은 마음이 들었다.

'열심히 준비했으니까 연습한 대로만 하자. 인기훈네랑 비교하지 말고 우리가 할 발표만 생각하자.'

인기훈도 잘하고, 자신도 잘하면 되지 않겠는가. 침착하게 이런저런 생각을 하자, 마음이 차분해지면서 인기훈과 강현아의 발표 내용이 귀에 들어왔다. 그런데 주동희가 인터넷에서 찾아 봤던 내용과 크게 다르지 않은 것이었다. 사진들도 다 인터넷에 있는 것을 그대로 사용하고 있었다. 주동희와 고미래는 다시 자신감이 생기기 시작했다.

뭐야. 우리가 준비한 게 더 나은데?

역시 생가터에 가 보길 잘했어.

연습한 대로만 하면 더 잘할 수도 있을 거라는 믿음이 생겼다. 그리고 그 순간, 인기훈 팀의 발표가 끝났다.

"잘했어요. 박수!"

선생님이 칭찬하자, 아이들이 박수를 쳤다. 역시 인기훈과 강현아다. 깔끔하게 정리한 자료에 말솜씨까지, 흠잡을 데가 없었기 때문이다.

"다음은 주동희, 고미래 팀! 앞으로 나오세요."

드디어 발표 순서가 됐다. 주동희와 고미래는 서로 잘해 보자는 눈빛을 주고받은 후, 앞으로 나갔다. 아이들이 모두 두 사람을 쳐다보니, 고미래는 또 긴장이 되는 것 같았다. 그래서 얼른 다시 주문을 외웠다.

'나는 할 수 있다!'

그러자 마음이 곧바로 편안해졌다. 고미래와 주동희는 똑바른 자세로 선 다음, 심호흡을 한 번 했다. 그리고 고미래가 먼저 인사했다.

"안녕하세요? 고미래."

"주동희입니다. 저희가 발표할 우리 고장의 위인은 '허난설헌'입니다."

주동희의 말이 끝나자마자, 여기저기에서 아이들이 실망한 표정으로 탄식했다.

 그리고 순간, 인기훈이 씩 웃는데 주동희는 기분이 확 상했다. 잘됐다, 너희는 망했다, 하는 듯한 표정이었기 때문이다. 주동희는 마음을 다잡았다.

 '너보다는 잘할 테니 두고 봐라.'

 아이들이 웅성거리고 있는데, 바로 그때, 고미래가 낭랑한 목소리로 허난설헌이 지은 시를 낭송하기 시작했다.

 "제목, 〈몽유광상산〉. 푸른 바닷물은 옥 같은 바다에 스며들고, 파란 난새가 아름다운 봉새와 어울렸네."

 순간, 교실이 조용해지며 고미래가 읽어 주는 시에 아이들이 귀를 기울였다. 시작할 때 아이들의 호기심을 자극할 수 있도록 허난설헌의 시를 읽어 주자는 주동희의 아이디어가 적중한 것이다. 아이들이 자신의 말에 귀를 기울이자 고미래는 조금 더 큰 목소리로 시를 마저 읽었다.

"연꽃 스물일곱 송이가 늘어져 차가운 달빛 서리에 붉게 떨어졌네."

고미래가 시를 다 읽자, 주동희가 덧붙여 말했다.

'좋아. 아이들이 우리 발표에 관심을 갖기 시작했어. 지금처럼만 하면 잘 끝낼 수 있어.'

아이들이 눈빛을 반짝이며 주동희의 말에 집중했다. 주동희와 고미래는 번갈아 가며 허난설헌의 삶과 작품에 대해 설명했다. 직접 찍은 사진을 넣은 자료를 보여 주니, 아이들은 한 명도 한눈을 팔지 않고 관심 있게 바라보았다. 발표를 다 마치고 고미래가 소감을 말했다.

주동희와 고미래가 고개 숙여 인사하자, 선생님이 시키지도 않았는데 아이들이 박수를 치며 환호했다. 선생님도 흐뭇한 표정으로 칭찬했다.

"둘이 준비 많이 했네요. 아주 잘했어요. 자, 다시 한번 더 박수 쳐 줄까요?"

아이들이 더 크게 박수를 쳐 주었다. 그리고 마지막 팀까지 발표를 마치자, 선생님이 오늘의 발표 왕을 선정했다.

"자, 오늘의 발표 왕은…."

아이들이 책상을 치며 긴장을 고조시켰다. 주동희와 고미래는 긴장이 되어 입안이 바짝바짝 말랐다.

'아이들에게 제일 큰 박수를 받았고 선생님도 크게 칭찬했으니, 발표 왕이 될 수도 있지 않을까?'

고미래는 결과가 조금은 기대되었다.

둘 다 발표를 어떻게 해야 할지도 모르고, 잘할 자신도 없었는데, 어떻게 이렇게 놀라운 결과를 얻게 되었는지! 이게 다 호야 님의 '일취월장 발표술' 덕분이 아니고 무엇이겠는가.

수업이 끝나자, 아이들이 고미래와 주동희 주위에 몰려들었다. 아이들의 칭찬에 고미래는 얼굴이 빨개져 말했다.

"동희랑 연습을 많이 했거든. 너희가 잘 봐 주어서 다행이다."

주동희에 대한 칭찬도 이어졌다.

"주동희, 대단해!"

"네가 그렇게 발표 잘하는 거 처음 봤어."

주동희가 쑥스러워하며 머리를 긁적였다.

"고마워. 헤헤헤."

그 모습을 보고 있자니, 인기훈은 기분이 아주 나빴다. 당연히 자신의 팀이 발표 왕이 될 거라고 생각하고 있었는데, 다른 팀도 아니고, 주동희 팀에 지다니. 게다가 말도 잘 못하던 고미래가 그렇게 발표를 잘하게 될 줄은 꿈에도 몰랐다.

'문구점의 비밀, 그것 때문이야.'

인기훈은 며칠 전에 만났던 남자가 했던 말이 자꾸 거슬렸다. 그리고 남의 비밀을 여기저기 소문내고, 잘난 척 까부는 주동희를 더 이상 두고 볼 수 없었다.

수업을 마치고 주동희와 고미래는 호야 님의 신기 문구점으로 갔다. 발표 왕이 되었다는 소식을 빨리 전하고 싶었기 때문이다. 호야 님도 아이들이 발표를 잘해서 이번에는 꼭 기쁨의 눈물을 흘려 주길 기대했다. 그런데 바로 그때, 아이들의 냄새가 났다.

고미래도 활짝 웃으며 대답했다. 그러자 호야 님이 잔뜩 기대하는 눈빛으로 둘의 얼굴을 번갈아 보는 것이었다. 순간, 주동희는 호야 님이 무엇을 원하는지 생각났다. 바로 주동희와 고미래가 기쁨의 눈물을 흘려 주길 바라는 것이다.

 주동희는 열심히 눈물을 흘려 보려고 했다. 지금 진심으로 기쁘니, 조금만 노력하면 기쁨의 눈물을 흘릴 수 있을 거라고 생각한 것이다. 하지만 눈을 계속 끔쩍거려도 눈물은 나오지 않았다. 주동희가 당황하며 말했다.

 "기쁘긴 엄청 기쁜데, 눈물이 안 나요. 어떡해요?"

 그렇다면 이번에도 실패다. 호야 님이 실망한 얼굴로 말했다.

 "괜찮아. 할 수 없지 뭐."

 비록 실패하기는 했지만, 호야 님은 진심으로 자신을 도와주려는 주동희에게 고마운 마음이 들었다. 그때, 그 모습을 보고 있던 고미래가 의아한 표정으로 물었다.

 "지금 눈물을 흘려야 되는 거예요?"

고미래는 앞뒤 전후의 사정을 모르니 의아할 수밖에. 하지만 주동희는 선뜻 대답하지 못하고 호야 님을 쳐다봤다. 호야 님이 말하지 말라는 뜻으로 고개를 살짝 저었다. 주동희는 얼른 둘러댔다.

"아니, 너무 기뻐서 눈물을 흘리고 싶다, 이거지. 하하하."

어색한 주동희의 말에 고미래는 생각했다.

'둘만 아는 비밀이 있나?'

고미래는 조금 서운한 생각이 들었다. 그동안 주동희, 그리고 호야 님과도 많이 친해졌다고 생각하고 있었기 때문이다. 주동희가 분위기를 바꾸기 위해 말을 돌렸다.

"맞다, 호야 님이 주신 강심장 젤리, 정말 효과 있던데요? 떨리던 마음이 금방 차분해졌어요."

주동희가 깨달은 듯한 표정으로 말했다. 요술 젤리가 아니었다는 말에 조금 실망스럽긴 했지만, 그래도 요술의 힘을 빌리지 않고 스스로 해냈다는 것이 자랑스러웠다. 고미래도 호야 님의 말을 이해한 듯 고개를 끄덕이자, 호야 님이 격려했다.

"이번에 둘 다 잘 해냈으니, 앞으로도 잘 발표할 수 있을 거야."
"네, 앞으로 더 노력할게요. 도와주셔서 감사합니다, 호야 님."
고미래가 감사의 인사를 하자, 주동희도 인사했다.
"감사하고, 죄송해요. 다음에는 꼭…."
기쁨의 눈물을 흘리겠다고 말하려다 주동희는 얼른 말을 돌렸다.
"꼭 열심히 하겠습니다. 하하하."
그런데 그 순간, 문구점 밖에 숨어서 창문으로 몰래 셋의 모습을 지켜보고 있는 사람이 있었으니, 바로 인기훈이었다.
'호야 님? 저 사람, 정체가 뭐야?'
그때였다.

생각지도 못한 남자의 황당한 말에 인기훈은 어안이 벙벙했다. 남자가 답답하다는 듯 말을 이었다.

"그래, 호랑이가 사람으로 둔갑한 거라고."

"……."

인기훈은 너무 놀라 할 말을 잃었다. 남자가 계속해서 말했다.

"인간을 잡아먹기 위해 사람으로 둔갑한 거야. 사실 주동희를 잡아먹으려고 했었는데, 주동희가 자신을 살려 주면 친구들을 데려오겠다고 한 거지."

"그, 그래서 고미래를 데려간 거라고요?"

인기훈이 놀라다 못해 기가 막힌 표정으로 묻자, 남자는 계속 거짓말을 했다.

"그렇다니까. 고미래를 구할 방법은 저 호랑이의 정체에 대해 사람들에게 알리는 것뿐이야."

 하지만 인기훈은 어떻게 해야 할지 판단이 안 섰다. 주동희를 미워하기는 하지만, 거짓말로 사람을 속일 정도로 나쁜 아이라고는 생각하지 않았기 때문이다.

 "그리고 생각해 봐."

 남자는 인기훈에게 다가오더니, 비밀 이야기를 하듯이 바짝 붙어서 속삭이기 시작했다.

 '내 소문도 가짜가 될 거라고?'

 남자는 계속해서 거짓말로 인기훈을 부추겼다.

인기훈은 귀가 솔깃했다. 그렇게만 된다면 얼마나 좋을까? 인기훈은 다시 창문 안의 세 사람을 쳐다보았다.

"하하하."

뭐가 그리 즐거운지, 세 사람은 함께 즐겁게 웃고 있었다. 인기훈에게 정체가 탄로 난지도 모르고 말이다. 인기훈은 주동희를 노려보며 생각했다.

'나쁜 녀석! 친구를 제물 삼아 제 목숨을 구하다니. 그리고 고미래는 그것도 모르고 저렇게 환하게 웃고 있다니…'

인기훈은 결심했다.

'주동희, 내가 너의 가면을 벗겨 주겠어.'

호야 님과 주동희는 이 위기를 극복할 수 있을까? 그리고 이 수상한 남자는 도대체 왜 호야 님을 못 잡아먹어서 안달이 난 것일까?

좋은 자료를 만드는 방법

발표할 때, 잘 만든 발표 자료는 여러분의 발표를 더욱 효과적으로 만들어 줍니다. 사진, 영상, 표 등과 함께 글을 넣은 발표 자료를 만들 때 주의할 점을 살펴볼까요?

★ 글을 너무 많이 쓰지 않기

발표 자료는 여러분의 말하기를 도와주는 역할이에요. 발표 자료에 여러분이 하려는 말을 모두 넣을 필요는 없어요. 중요한 내용만 간단하게 넣어도 충분해요.

우리나라 전통 음식: 김치	우리나라 전통 음식: 김치
우리나라에는 다양한 전통 음식이 있습니다. 가장 대표적인 전통 음식은 김치입니다. 김치는 배추나 무와 같은 채소를 고춧가루, 젓갈 같은 다양한 재료와 함께 발효시킨 음식입니다. 김치는 재료의 종류에 따라 배추김치, 갓김치, 깍두기, 열무김치 등 다양한 종류가 있습니다. 우리나라 사람들은 김치를 반찬으로 먹기도 하고 김치찌개, 김치볶음밥, 김치전처럼 요리해 먹기도 합니다.	김치의 재료 : 배추, 고춧가루, 젓갈 등 김치의 종류 : 배추김치, 갓김치, 열무김치 등 김치를 이용한 요리 : 김치찌개, 김치볶음밥, 김치전
너무 복잡하고 보기 힘들어요.	중요한 내용이 한눈에 보여요.

★ 읽기 쉬운 글씨체를 사용하기

　자료는 모든 사람에게 잘 보이도록 해야 해요. 너무 작은 글씨체, 알아보기 어려운 글씨체는 사용하지 않아야 해요. 굵은 글씨로 편하게 읽을 수 있는 글씨체를 선택해야 합니다.

우리나라 전통 음식: 김치	우리나라 전통 음식: 김치
김치의 재료 : 배추, 고춧가루, 젓갈 등 김치의 종류 : 배추김치, 갓김치, 열무김치 등 김치를 이용한 요리 : 김치찌개, 김치볶음밥, 김치전	김치의 재료 : 배추, 고춧가루, 젓갈 등 김치의 종류 : 배추김치, 갓김치, 열무김치 등 김치를 이용한 요리 : 김치찌개, 김치볶음밥, 김치전
글씨를 읽기 어려워요.	글씨를 쉽게 읽을 수 있어요.

★ 중요한 단어는 크기와 색깔을 바꾸기

　모든 글씨가 같은 크기, 같은 색깔이라면 중요한 단어가 무엇인지 알기 어려워요. 발표에서 중요한 단어는 글씨 크기를 크게 하고 색깔도 다르게 해서 강조해 주세요.

우리나라 전통 음식: 김치	우리나라 전통 음식: **김치**
김치의 재료 : 배추, 고춧가루, 젓갈 등 김치의 종류 : 배추김치, 갓김치, 열무김치 등 김치를 이용한 요리 : 김치찌개, 김치볶음밥, 김치전	김치의 재료 : 배추, 고춧가루, 젓갈 등 김치의 종류 : 배추김치, 갓김치, 열무김치 등 김치를 이용한 요리 : 김치찌개, 김치볶음밥, 김치전
중요한 내용을 알기 어려워요.	중요한 내용이 한눈에 보여요.

★ 자료의 크기를 조절하기

　좋은 자료를 사용했는데도 발표를 듣는 사람에게 잘 보이지 않으면 없는 자료나 마찬가지겠죠? 자료의 크기는 사람들이 잘 볼 수 있도록 크기를 키워 주세요. 영상이나 소리를 사용한다면 소리의 크기도 충분히 키워 주세요.

우리나라 전통 음식: 김치	우리나라 전통 음식: 김치
김치의 재료 : 배추, 고춧가루, 젓갈 등 **김치의 종류** : 배추김치, 갓김치, 열무김치 등 **김치를 이용한 요리** : 김치찌개, 김치볶음밥, 김치전	 **김치의 재료** : 배추, 고춧가루, 젓갈 등 **김치의 종류** : 배추김치, 갓김치, 열무김치 등 **김치를 이용한 요리** : 김치찌개, 김치볶음밥, 김치전
자료가 잘 보이지 않아요.	자료가 잘 보여요.

★ 만약 여러분이 컴퓨터를 잘 다룬다면 컴퓨터 프로그램이나 사이트를 사용해서 발표 자료를 만들 수도 있어요. 파워포인트(PPT)와 같은 프로그램이나 구글 프레젠테이션, 미리캔버스, 캔바 같은 사이트를 활용하면 하나의 파일에 내 발표 자료를 순서대로 만들 수 있어요. 컴퓨터로 자료를 만들면 수정이 쉽고 다양한 글씨체, 자료를 추가할 수 있다는 장점이 있어요.

호야 님의 신기 문구점
❷ 일취월장 발표술

1판 1쇄 인쇄 | 2024. 2. 15.
1판 1쇄 발행 | 2024. 3. 5.

발표법 코칭 옥효진 | **글** 고희정 | **그림** 류수형

발행처 김영사 | **발행인** 박강휘
편집 인우리 | 디자인 홍윤정 | 마케팅 이철주 | 홍보 조은우
등록번호 제 406-2003-036호 | 등록일자 1979. 5. 17.
주소 경기도 파주시 문발로 197(우 10881)
전화 마케팅부 031-955-3100 | 편집부 031-955-3113~20 | 팩스 031-955-3111

값은 표지에 있습니다.
ISBN 978-89-349-3316-8 74810

좋은 독자가 좋은 책을 만듭니다. 김영사는 독자 여러분의 의견에 항상 귀 기울이고 있습니다.
전자우편 book@gimmyoung.com | 홈페이지 www.gimmyoungjr.com

어린이제품 안전특별법에 의한 표시사항

제품명 도서 제조년월일 2024년 3월 5일 제조사명 ㈜김영사 주소 10881 경기도 파주시 문발로 197
전화번호 031-955-3100 제조국명 대한민국 ⚠주의 책 모서리에 찍히거나 책장에 베이지 않게 조심하세요.